AF197746

Zum 100. Geburtstag Theodor W. Adornos am 11. September 2003 legt der Insel Verlag eine Neuausgabe der autobiographischen Prosaskizze *Amorbach* (1966) vor.

In *Amorbach*, einem seiner »zartesten« (Jürgen Roth) und persönlichsten Texte, horcht Adorno dem »Echo des längst Vergangenen« nach: Erinnerungen an sein »Lieblingsstädtchen«, an die ländliche Idylle im Odenwald, in der er jedes Jahr die Ferien verbrachte. Der ausführliche Anhang des Bandes blättert das Foto-Album der Familie Wiesengrund-Adorno auf und läßt mit einer Fülle unbekannter Abbildungen Adornos Welt, das verlorene Paradies seiner Kindheit, wieder lebendig werden.

Darüber hinaus konnte der Herausgeber eine Vielzahl biographischer Quellen erschließen, die keinem anderen Forscher zugänglich waren. Wir erfahren Neues nicht nur über Adornos Vater, den Weinhändler Oscar Wiesengrund, seine Mutter und seine Tante – beide Sängerinnen von Beruf –, sondern auch über Adornos musikalische Anfänge. Und wir werden in das Amorbach der Zeit vor dem Ersten Weltkrieg zurückversetzt. Wir begleiten »Teddie« auf seinen Wanderungen durch die »Sommerfrischenwälder« nach Miltenberg oder in Dörfer der Umgebung wie Ottorfszell und Ernsttal und können die Schauplätze und Personen betrachten, die ihm ein Leben lang im Gedächtnis blieben.

Ein einzigartiges Buch über Adornos frühe Jahre.

insel taschenbuch 2923
Theodor W. Adorno
Kindheit in Amorbach

1. Eine Touristenattraktion um 1910: »Butz«, das zahme Wildschwein der Familie Hemberger in Ernsttal bei Amorbach.

»Die gezähmte Wildsau von Ernsttal vergaß ihre Zahmheit, nahm die laut schreiende Dame auf den Rücken und raste davon. Hätte ich ein Leitbild, so wäre es jenes Tier.« (Theodor W. Adorno: »Amorbach«. In diesem Band S. 23).

Theodor W. Adorno
Kindheit in Amorbach

Bilder und Erinnerungen

Mit einer biographischen Recherche
herausgegeben von Reinhard Pabst

Insel Verlag

To Ilona again and again

3. Auflage 2020

Erste Auflage 2003
insel taschenbuch 2923
© für diese Ausgabe:
Insel Verlag Frankfurt am Main und Leipzig 2003
© für die Texte von Theodor W. Adorno:
Suhrkamp Verlag Frankfurt am Main
Vertrieb durch den Suhrkamp Taschenbuch Verlag
Printed in Germany
Umschlag: hißmann, heilmann, hamburg
ISBN 978-3-458-34623-4

Inhalt

2. Der (inzwischen verschwundene) »Holztempel« im Garten des Hotels »Post« in Amorbach, um 1918.

Vorbemerkung

»[...] es gehört für mich zu den schönsten Erfahrungen,
daß ich in Amorbach, dem einzigen Ort auf diesem frag-
würdigen Planeten, in dem ich mich im Grunde noch zu
Hause fühle, nicht vergessen worden bin.«

(Theodor W. Adorno: Brief an Annemarie Trabold, Inhaberin
eines Schreibwaren-Geschäfts in Amorbach. Frankfurt a. M.,
31. Januar 1968)

Während eines Sommerurlaubs in den 50er Jahren ging
Theodor W. Adorno im schweizerischen Sils Maria den
Spuren Friedrich Nietzsches nach, der hier Ruhe und Er-
holung gefunden hatte. In der Pension Privata wurde ihm
ein handschriftlicher Fremdenbuch-Eintrag des Philoso-
phen gezeigt (»Als Beruf gibt er an: Universitätsprofessor«), von Christian Zuan (1869-1963), dem greisen Seni-
orchef der »opulenten Kolonialwarenhandlung des Ortes«,
bekam er eine Anekdote über den berühmten Feriengast
zu hören, den dieser als Kind noch gekannt hatte.
Wer heute in Amorbach (Odenwald), wo er »einen großen
Teil« seiner Kindheit verbrachte, nach Adornos Spuren
sucht, wird ähnlich überraschende Entdeckungen machen.
Nicht nur, daß einige Zeitzeugen noch leben, die über ihn
und seine beiden Mütter Auskunft geben können. Die Besitzer des »geliebten« Hotels »Post« hüten überdies seit
Jahrzehnten einen wahren Schatz von historischen Auf-
nahmen, die in diesem Band zum ersten Mal veröffentlicht werden: darunter unbekannte Adorno-Kinderbilder
ebenso wie eine frühe Innenansicht des von »Teddie« und
den Seinen stets bewohnten »Fürstenzimmers«.

Und das Amorbacher Stadtarchiv verwahrt einen Brief Adornos an die Stadtverwaltung, mit dem der Universitätsprofessor 1968 (erfolgreich) den Protest einer Bürgerinitiative gegen die Trassenführung einer geplanten Umgehungsstraße unterstützte: »[...] seit meiner Kindheit mit Amorbach aufs engste verbunden«, heißt es da, »werde ich von dortigen Jugendfreunden auf Pläne einer Umgehungsstraße aufmerksam gemacht, welche die Amorbacher Kulturlandschaft aufs empfindlichste verletzen würden. Zugleich höre ich, daß ein ›Interessenverband Umgehungsstraße‹ sich gebildet hat und versucht, diese Pläne zu modifizieren. Ich selbst, der in dieser Angelegenheit in gar keinem Sinn zu den Interessenten gehöre, wohl aber glaube, mir eine gewisse Zugehörigkeit zu Amorbach, wenn nicht einiges geistige Mitspracherecht erworben zu haben, möchte aufs nachdrücklichste der Bitte mich anschließen, alles zu unterlassen, was den in seiner Weise einzigartigen Platz häßlich machen könnte. Vor einigen Monaten bin ich in Eberbach am Neckar gewesen und habe gesehen, welche Verwüstungen dort während der letzten zwanzig Jahre sich zugetragen haben. Es wäre mir unendlich viel daran gelegen, wenn ähnliches Unheil in dem Ort, den ich heute eigentlich als meine Heimat betrachte, vermieden würde. Vielleicht darf ich in diesem Zusammenhang auf die Arbeit über Amorbach aufmerksam machen [...], von der ich annehme, daß sie diesen Brief einigermaßen legitimiert.«

Adornos Arbeit über Amorbach, sechzehn autobiographische Miniaturen, erschien zuerst 1966 in der »Süddeutschen Zeitung« und ist in diesem Band wiederabgedruckt (S. 15-24).

»Amorbach« war mehr als nur der Name einer »lieblichen« Kleinstadt in einem »anmutigen« Tal des bayerischen Odenwalds, das manche Reiseführer früher »Wiesengrund«(!) nannten.

»Amorbach« war Synonym für das Glück, die Sehnsucht und die »Wärme der Kindheit« – für die »Utopie des Jünglings«, den »Traum einer von Zwecken nicht entstellten Welt« (Theodor W. Adorno: Brief an Thomas Mann. Los Angeles, 3. Juni 1945). Amorbach war ein ›Gegenpunkt‹ zur erkalteten, trostlosen »Elternwelt«, dem Leben, das nicht lebt (»Das Leben lebt nicht«: diese Zeile aus einem Gedicht in Ferdinand Kürnbergers Roman »Der Amerikamüde« hat Adorno dem ersten Teil seiner »Minima Moralia« als Motto vorangestellt).

In »Adornobach«* (Alfred Edel) mußte das musisch hochbegabte Kind nicht befürchten, von Schulkameraden verhöhnt zu werden (wie in Frankfurt geschehen): hier, unter Erwachsenen, die den intellektuell Frühreifen »mit der Sphäre Richard Wagners« – einem *der* Themen seines Lebens – »in Berührung« brachten, konnte er ohne Angst verschieden sein.

Dieses Bilderlesebuch unternimmt erstmals den Versuch, Adornos »Süddeutschland meiner Kindheit«, aber auch die frühen Jahre in seiner »Vaterstadt« Frankfurt a. M. (vor 1918) mit unbekannten zeitgenössischen Fotos, neuentdeckten Familienbriefen und weiteren Quellen zu dokumentieren. Fast alle der Häuser seines »Lieblingsstädtchens« Amorbach, die in diesem Band zu sehen sind, lassen sich an Ort und Stelle mühelos wiederfinden: das

---

* *adorno* (ital.): lieblich, anmutig

»Hotel Post«, in dem er Jahr für Jahr logierte, die Schmiede in der Hauptstraße (heute ein Blumenladen), der Anbau an den Konvent (am Schloßplatz), in dem der Maler Max Rossmann sein Atelier hatte, und das Gasthaus »Brauerei Burkarth« am Marktplatz.

Reinhard Pabst

3. Theodor (»Teddie«) Wiesengrund-Adorno mit seiner Mutter und seiner Tante vor dem »Holztempel« im Garten des Hotels »Post« in Amorbach, um 1918.

Theodor W. Adorno
Amorbach

Wolkmann: ein Berg, der Bild seines Namens ist, freundlich übriggebliebener Riese. Nun ruht er lange, breit gestreckt über dem Städtchen, das er von den Wolken grüßt.
Gotthard: der kleinste Gipfel in der Umgebung trägt den
Namen des mächtigsten Massivs der Zentralalpen, als
möchte er das Kind sacht an den Umgang mit dem Gebirge gewöhnen. Um keinen Preis hätte es sich ausreden
lassen, daß ein geheimer unterirdischer Gang von einer
Höhle der Klosterruine St. Gotthard in den Amorbacher
Konventsbau hinabführt.

Der war bis zur napoleonischen Säkularisierung eine Benediktinerabtei, niedrig, außergewöhnlich lang, mit grünen Läden, angeschmiegt an die Abteikirche. Ihm fehlt,
außer den Eingängen, jede energische Gliederung. Dennoch erfuhr ich daran zum erstenmal, was Architektur sei.
Bis heute weiß ich nicht, ob der Eindruck einfach darauf
zurückgeht, daß mir am Konventsbau das Wesen von Stil
aufging, oder ob doch in seinen Maßen, unter Verzicht
auf jeglichen Eklat, etwas sich ausspricht, was danach die
Bauten verloren. Die Vedute, auf die er offenbar angelegt
war, eine Stelle im Seegarten, kunstvoll hinter einer Baumgruppe versteckt an dem von Karpfen bevölkerten, sympathisch riechenden Weiher, gibt einen kleinen, überschaubaren Abschnitt des Klosters frei. Stets noch stellt
an dem Teil die Schönheit wieder sich her, nach deren
Grund ich vorm Ganzen vergeblich frage.

In der Hauptstraße, um die Ecke der geliebten Post, befand sich eine offene Schmiede mit grell loderndem Feuer. Jeden Morgen ganz früh weckten mich die dröhnenden Schläge. Nie habe ich ihnen deshalb gezürnt. Sie brachten mir das Echo des längst Vergangenen. Mindestens bis in die zwanziger Jahre hinein, als es schon Gasolinstationen gab, hat die Schmiede existiert. In Amorbach ragt die Vorwelt Siegfrieds, der nach einer Version an der Zittenfelder Quelle tief im waldigen Tal soll erschlagen worden sein, in die Bilderwelt der Kindheit. Die Heunesäulen unterhalb von Mainbullau datieren, so wenigstens wurde mir damals erzählt, auf die Völkerwanderung zurück, nach den Hunnen benannt. Das wäre schöner, als wenn sie aus früherer namenloser Zeit stammten.

Die Fähre über den Main, die man benutzen muß, wenn man hinauf will aufs Kloster Engelberg, hat ihren besonderen Ausdruck daran, daß sie, archaisches Fahrzeug, nicht die Spur des willentlich Bewahrten von Trachtenverein und historischem Denkmal trägt. Keine einfachere und nüchternere Möglichkeit, ans andere Ufer zu gelangen, als das Fahrzeug, von dem Hagen den Kaplan in die Donau warf, der als einziger vom Nibelungenzug gerettet wurde. Die Schönheit des Zweckmäßigen hat rückwirkende Kraft. Die Laute der Fähre über dem Wasser, denen man schweigend nachhorcht, sind so beredt, weil sie vor Jahrtausenden nicht anders waren.

Tatsächlich kam ich mit der Sphäre Richard Wagners in Amorbach in Berührung. Dort hatte, in einem Anbau an den Konvent, der Maler Max Rossmann sein Atelier; oft waren wir auf der Terrasse nachmittags bei ihm zum Kaffee. Rossmann hatte Dekorationen für Bayreuth gefertigt. Der eigentliche Wiederentdecker von Amorbach, brachte er Sänger des Festspielensembles dorthin. Etwas von dem üppigen Lebensstil mit Kaviar und Champagner teilte sich der Post mit, deren Küche und Keller übertrafen, was man von einem ländlichen Gasthof hätte erwarten dürfen. An einen der Sänger erinnere ich mich genau. Obwohl ich nicht älter als zehn Jahre kann gewesen sein, ließ er sich gern in Gespräche mit mir ein, als er meine Passion für Musik und Theater bemerkte. Unverdrossen berichtete er dem Knirps von seinen Triumphen, zumal dem in der Rolle des Amfortas; die erste Silbe sprach er eigentümlich gedehnt aus, er muß wohl ein Holländer gewesen sein. Mit ein und demselben Schlag fühlte ich mich aufgenommen in die Welt der Erwachsenen und in die geträumte, noch nicht ahnend, wie unversöhnlich beide sind. Auf jene Tage geht zurück, daß ich die Meistersinger-Takte »Dem Vogel, der da sang, dem war der Schnabel hold gewachsen«, Rossmanns Lieblingsstelle, als Amorbach empfinde. Das Städtchen ist nur achtzig Kilometer von Frankfurt entfernt, aber in Franken. – Ein Bild Rossmanns, die ›Konfurter Mühle‹, unvollendet und auf bedeutende Weise zerrüttet, riß mich hin. Meine Mutter schenkte es mir, ehe ich Deutschland verließ. Es hat mich nach Amerika und zurück begleitet. Rossmanns Sohn habe ich in Amorbach wieder getroffen.

Trieb ich halbwüchsig allein durch das Städtchen im tiefen Abend, so hörte ich auf dem Kopfsteinpflaster die eigenen Schritte nachhallen. Das Geräusch erkannte ich erst wieder, als ich, 1949 aus der amerikanischen Emigration zurückgekehrt, um zwei Uhr durchs nächtliche Paris vom Quai Voltaire in mein Hotel ging. Der Unterschied zwischen Amorbach und Paris ist geringer als der zwischen Paris und New York. Jene Amorbacher Dämmerung jedoch, da ich als kleines Kind von einer Bank auf der halben Höhe des Wolkmann zu sehen glaubte, wie gleichzeitig in allen Häusern das soeben eingeführte elektrische Licht aufblitzte, nahm jeden Schock vorweg, der nachmals dem Vertriebenen in Amerika widerfuhr. So gut hatte mein Städtchen mich behütet, daß es mich noch auf das ihm gänzlich Entgegengesetzte vorbereitete.

Kommt man nach Amerika, so sehen alle Orte gleich aus. Die Standardisierung, Produkt von Technik und Monopol, beängstigt. Man meint, die qualitativen Differenzen wären derart real aus dem Leben verschwunden, wie sie fortschreitende Rationalität in der Methode ausmerzt. Ist man dann wieder in Europa, so ähneln plötzlich auch hier die Ortschaften einander, deren jede in der Kindheit unvergleichlich schien; sei es durch den Kontrast zu Amerika, der alles andere unter sich plattwalzt, sei es auch, weil, was einmal Stil war, schon etwas von jenem normierenden Zwang besaß, den man arglos erst der Industrie, zumal der kulturellen, zuschreibt. Auch Amorbach, Miltenberg, Wertheim sind davon nicht ausgenommen, wäre es auch nur durch den Grundton roten Sandsteins, der Formation der Gegend, die den Häusern sich mitteilt. Dennoch läßt einzig an einem bestimmten Ort die Erfahrung des Glücks sich machen, die des Unaustauschbaren, selbst wenn nachträglich sich erweist, daß es nicht einzig war.

Zu Unrecht und zu Recht ist mir Amorbach das Urbild aller Städtchen geblieben, die anderen nichts als seine Imitation.

Zwischen Ottorfszell und Ernsttal verlief die bayerische und badische Grenze. Sie war an der Landstraße durch Pfähle markiert, die stattliche Wappen trugen und in den Landesfarben spiralig bemalt waren, weiß-blau der eine, der andere, wenn mein Gedächtnis mich nicht trügt, rotgelb. Reichlicher Zwischenraum zwischen beiden. Darin hielt ich mit Vorliebe mich auf, unter dem Vorwand, an den ich keineswegs glaubte, jener Raum gehöre keinem der beiden Staaten, sei frei, und ich könne dort nach Belieben die eigene Herrschaft errichten. Mit der war es mir nicht ernst, mein Vergnügen darum aber nicht geringer. In Wahrheit galt es wohl den bunten Landesfarben, deren Beschränkendem ich zugleich mich entronnen fühlte. Ähnlich empfand ich auf Ausstellungen wie der ›Ila‹ im Anblick der zahllosen Wimpel, die da einverstanden nebeneinander flatterten. Das Gefühl der Internationale lag mir von Haus aus nahe, auch durch den Gästekreis meiner Eltern, mit Namen wie Firino und Sidney Clifton Hall. Jene Internationale war kein Einheitsstaat. Ihr Friede versprach sich durch das festliche Ensemble von Verschiedenem, farbig gleich den Flaggen und den unschuldigen Grenzpfählen, die, wie ich staunend entdeckte, so gar keinen Wechsel der Landschaft bewirkten. Das Land aber, das sie umschlossen und das ich, spielend mit mir selbst, okkupierte, war ein Niemandsland. Später, im Krieg, tauchte das Wort auf für den verwüsteten Raum vor den beiden Fronten. Es ist aber die getreue Übersetzung des griechischen – Aristophanischen –, das ich damals desto besser verstand, je weniger ich es kannte, Utopie.

Besser als mit der Kleinbahn nach Miltenberg zu fahren, die auch ihre Meriten hatte, war es, dorthin von Amorbach auf einem weiten Höhenweg zu gehen. Er führt über Reuenthal, ein sanftes Taldorf abseits vom Gotthard, angeblich die Heimat Neidhards, und über das stets noch einsame Monbrunn, in geschwungenem Bogen durch den Wald, der sich zu verdichten scheint. In seiner Tiefe birgt sich allerhand Gemäuer, schließlich ein Tor, das man der Kälte der waldigen Örtlichkeit wegen Schnatterloch nennt. Durchschreitet man es, so ist man plötzlich, ruckhaft ohne Übergang wie in Träumen, auf dem schönsten mittelalterlichen Marktplatz.

Im Frühjahr 1926 saßen Hermann Grab und ich im Löwensteinschen Park bei Klein-Heubach. Mein Freund stand damals unter dem Einfluß Max Schelers und sprach enthusiastisch vom Feudalismus, der Schloß und Anlagen derart aufeinander abzustimmen vermochte. Im gleichen Augenblick erschien eine Aufsichtsperson, die uns rauh verscheuchte: »Die Bänke sind für die fürstlichen Herrschaften reserviert.«

Als Schuljunge stellte ich mir unter den Worten sittlich und keusch etwas besonders Unanständiges vor, darum wohl, weil sie meist bei Anlässen wie Sittlichkeitsverbrechen gebraucht wurden, weniger zum Lob, als wo einer dagegen frevelte. Jedenfalls hatten sie, obzwar als deren Gegenteil, etwas mit der verbotenen Sphäre zu tun.

Amorbach trug zu dem Mißverständnis eine kräftige Assoziation bei. Der bärtige und würdevolle Oberhofgärtner hieß Keusch. Er hatte eine Tochter, die mir abstoßend häßlich vorkam; es verbreitete sich aber, er hätte sich an ihr vergangen. Wie in der Oper bedurfte es der Intervention des gütigen Fürsten, um den Skandal niederzuschlagen. Ich war schon recht erwachsen, als ich die Wahrheit meines Irrtums entdeckte, daß keusch und sittlich unanständige Begriffe sind.

Neben dem Pianino mit dem Mozart-Medaillon hing im Gastzimmer der Post eine Gitarre. Ihr fehlten ein oder zwei Saiten, die restlichen waren sehr verstimmt. Ich konnte nicht Gitarre spielen, aber riß mit einem Griff alle Saiten zugleich an und ließ sie vibrieren, berauscht von der dunklen Dissonanz, wohl der ersten so vieltönigen, an die ich geriet, Jahre ehe ich eine Note von Schönberg kannte. Ich fühlte den Wunsch: so müßte man komponieren, wie diese Gitarre klingt. Als ich später den Vers von Trakl »Traurige Gitarren rinnen« las, hörte ich keine andere als die beschädigte von Amorbach.

Nicht selten kam in die Post, vormittags um elf, ein Mann, halb Bauer, halb Händler, aus Hambrunn, einem jener benachbarten Odenwalddörfer, die man oben auf den abgeflachten Höhen gebaut hat. Herkert, wie er sein Schöppchen trank, mit Bärtchen und wilder Kleidung, schien mir versprengt aus dem Bauernkrieg, von dem ich aus der Lebensbeschreibung Gottfrieds von Berlichingen wußte, die ich als Reclambändchen im Bücherautomaten des Miltenberger Bahnhofs gezogen hatte. »Miltenberg brennt.« Was alles in der Gegend, an Leuten und Dingen, aus dem sechzehnten Jahrhundert noch vorhanden war, ließ mich gar nicht zum Gedanken kommen, wie lange es schon zurücklag; räumliche Nähe wurde zur zeitlichen. In seinem Schultersack aber hatte Herkert frische Nüsse in ihren grünen äußeren Schalen. Die wurden gekauft und für mich geschält. Ihren Geschmack behielten sie das Leben hindurch, als hätten die aufständischen Bauernführer von 1525 sie mir aus Sympathie zugedacht, oder um meine Angst vor den gefährlichen Zeitläuften zu beschwichtigen.

Auf der Rossmannschen Terrasse vernahm ich eines Nachmittags, vom Platz vor der Schloßmühle her, wüst grölenden Gesang. Ich erblickte drei, vier ganz junge Burschen, unziemlich verkleidet, es sollte malerisch sein. Mir wurde erklärt, das seien Wandervögel, ohne daß ich mir darunter etwas Rechtes hätte vorstellen können. Mehr noch als die greulichen, obendrein falsch auf Klampfen begleiteten Volkslieder erschreckte mich der Anblick. Keineswegs entging mir, daß das nicht Arme waren wie die, welche in Frankfurt auf den Bänken der Mainanlagen zu nächtigen pflegten, sondern, nach kindlichem Sprachgebrauch, bessere Leute. Keine Not, vielmehr eine mir unverständliche Absicht veranlaßte ihren Aufzug. Er erfüllte mich mit der Angst, es ebenso halten und eines Tages schutzlos lärmend durch die Wälder stampfen zu müssen: die Drohung des Deklassiertseins in der Jugendbewegung, längst ehe in dieser die deklassierten Bürger sich verbanden und auf große Fahrt zogen.

Läse man es in einem Roman, es wäre unerträglich wie von Schriftstellern, die das Kauzige als unverwüstlichen Humor aufwärmen. Aber ich erfuhr es aus erster Hand; ein Stück der anachronistischen Mitgift, die ich von Amorbach empfing. Wenn der Rentamtmann zu seinem Stammtisch ging, pflegte ihn, sicherlich gegen seinen Willen, seine Frau zu begleiten. Sooft er einen über den Durst trank und für ihren Geschmack allzu lebhaft schwadronierte, ermahnte sie ihn mit den Worten: Siebenlist, beherrsch dich! – Nicht minder verbürgt, wenngleich mehr der Sphäre von Witzblättern um 1910 zugehörig, ist ein Ereignis aus Ernsttal, dem Leiningenschen Besitz. Dort erschien eine Respektsperson, die Gattin des Eisenbahnpräsidenten Stapf, in knallrotem Sommerkleid. Die gezähmte Wildsau von Ernsttal vergaß ihre Zahmheit, nahm die laut schreiende Dame auf den Rücken und raste davon. Hätte ich ein Leitbild, so wäre es jenes Tier.

Wildschweinfütterung bei Breitenbuch, ganz einsam im höchsten Odenwald, nicht weit vom Hainhaus mit den steinernen Sitzen der Feme, von der ich nicht bezweifelte, es sei die gleiche, welche Adelheid von Weislingen verurteilte, eine meiner frühesten Geliebten aus Büchern. Ich meinte, noch vor wenigen Jahren, die Wildschweine, viele Hunderte, würden um ihrer selbst willen gefüttert. So hatte ich in der Kindheit unter den Anständen, die man mir in den Amorbacher Wäldern zeigte, eine Einrichtung mir vorgestellt, die dem Wild zugute kommen sollte, das da, wenn es gar zu heftig gejagt wurde oder fror, über die Leitern hinaufklettere, Schutz und Zuflucht finde. Das wäre doch Anstand gewesen, der dem Wild gegenüber.

Wie ich lernen mußte, daß jene luftigen Baumhütten Jägern dienen, die auf dem Anstand lauern, um das Wild zu schießen, erklärte mir ein Kundiger, die Fütterung in Breitenbuch fände nicht den friedlichen Sauen zuliebe statt, nicht einmal bloß, um die Äcker vor angeblichen Verwüstungen zu behüten, sondern vorweg, um den Jägern ihre Beute am Leben zu erhalten, bis sie ihnen vor die Büchse liefe. Solche bedrohliche Vernunft indessen konnte keineswegs den mächtigen Keiler beirren, der aus dem Farnkraut sich erhob und auf uns zukam, ungemütlich wie einst der Wildschweinduft im Forst von Preunschen und Mörschenhardt, bis wir bemerkten, daß er, offenbar aus der weiteren Umgegend erst nach der allgemeinen Fütterung eingetroffen, von uns eine individuelle erwartete. Vorweg gab er Zeichen des Dankes von sich und trottete enttäuscht davon, als wir nichts für ihn hatten. – Inschrift am Gehege: »Wir bitten um Sauberkeit und Ordnung.« Wer wen?

Reinhard Pabst

Adornos Wiesengrund.
Eine biographische Recherche

Adornos Unterschrift, 1924

rechts **4.** Adorno um 1910, vermutlich für eine (private?) Theateraufführung kostümiert.

Wie seine Mutter, die als Kind zusammen mit dem späteren Frankfurter Architekten und Mundart-Schriftsteller Adolf Völckers (1859-1919) erste Bühnen-Erfahrungen sammelte, entwickelte »Teddie« schon früh eine »Passion« (S. 17) für das Theater. Seine Lust am Verkleiden und Schauspielern wird auch von dem Nachbarsjungen Wilhelm Reutlinger (1907-1991) bezeugt, der im Haus »Schöne Aussicht« Nr. 12 wohnte. Er konnte sich erinnern, daß ihm einmal an Fastnacht »unter den vielen maskierten Kindern auf der Straße [...] ein besonders interessanter Bub mit einem sehr fremdartigen Kostüm« auffiel. »Auf die Frage, was diese Kleidung denn zu bedeuten habe, antwortete er sehr theatralisch: ›Ich bin ein Spanier aus dem Mittelalter!‹ Dieser Bub war niemand anders als der später unter dem Namen Adorno berühmt gewordene Theodor Wiesengrund!« (»Erinnerungen an meine Jugendzeit«, 1989).

1. Herkunft

»Geboren bin ich 1903 in Frankfurt. Mein Vater war deutscher Jude, meine Mutter, selbst Sängerin, ist die Tochter eines französischen Offiziers korsischer – ursprünglich genuesischer – Abstammung und einer deutschen Sängerin. Ich bin in einer ganz und gar von theoretischen (auch politischen) und künstlerischen, vor allem musikalischen Interessen beherrschten Atmosphäre aufgewachsen.«

(Theodor W. Adorno: Brief an Thomas Mann. Los Angeles, 5. Juli 1948)

Im Gegensatz zu seinen Schwestern Maria und Agathe, die sich von der »romantischen Überhöhung« ihrer »Familienvergangenheit« zeitlebens nicht abbringen ließen, war Louis Calvelli-Adorno schon früh klar, daß in der Lebensgeschichte seines Vaters Jean François »viel Legende« steckte (Brief an seinen Sohn Franz Calvelli-Adorno vom 19. April 1933). Auch Theodor W. Adorno, der gar zu gern die Rolle des Abkömmlings »ursprünglich genuesischer« Aristokraten spielte, scheint zumindest geahnt zu haben, daß »seine korsische Verwandtschaft [...] so adlig [nicht]« war (Alexander Kluge).

Adornos korsische Vorfahren waren offenbar einfache Bauern, »die nicht schreiben, wohl aber schießen konnten« (Louis Calvelli-Adorno). Sein Großvater Jean François Calvelli, »sehr gebildet, was aus [...] aphoristischen Aufzeichnungen« in seinem Nachlaß »hervorgeht« (Louis Calvelli-Adorno), behauptete, französischer Offizier gewesen zu sein und bereiste als Fechtlehrer angeblich »die Haupt- und größeren Städte Europas«. In den 1850er Jahren legte er sich den Beinamen Adorno zu (*adorno* bedeutet im Italienischen auch: geschmückt, geziert; in einem Vers von Torquato Tasso ist von einem »bel nome adorno« die Rede). Die Gründe dafür liegen im Dunkeln: könnte er ihn »zur Unterscheidung der vielen Calvellis angenommen« haben (so die Vermutung seines Sohnes Louis 1933)? Wurde der glühende Verdi-Verehrer möglicherweise durch dessen Oper »Simone Boccanegra« (1857) angeregt, in der ein genuesischer Adliger Gabriele Adorno auftritt? In den authentischen Papieren der Familie Calvelli-Adorno, die 1933 noch existierten, stand »überall nur Calvelli«, Adorno kam »nirgends vor« (Louis Calvelli-Adorno).

5. Jean François Calvelli-Adorno (1820-1879), der Großvater mütterlicherseits. »Tante Agathe erzählte [...], wie
traurig er war, wenn die Großmutter in der Küche nicht
augenblicklich von einem Tasso-Vers begeistert war, den
er ihr beim Kochen vorlesen wollte.« (Franz Calvelli-
Adorno).

Elisabeth Henning, die einzige Tochter eines Schneidermeisters in Bockenheim (heute Stadtteil von Frankfurt a. M.), erhielt als junges Mädchen von einem Schüler der berühmten Sopranistin Pauline Viardot-Garcia (1821-1910) Gesangsunterricht und träumte von einer Karriere als Sängerin (tatsächlich trat sie mehrmals öffentlich auf. Zu ihren musikalischen Förderern gehörte der Beethoven-Sekretär und -Biograph Anton Schindler, der von 1856 bis zu seinem Tod 1864 in Bockenheim wohnte).

Jean François Calvelli-Adorno lernte sie als Mieter eines Zimmers in ihrem Elternhaus kennen und lieben; die beiden heirateten 1862 in London. Von ihren acht Kindern wurden nur Maria, Louis und Agathe älter als zehn Jahre. »Ewig abgerackert, nähend, waschend«, wurde Elisabeth Calvelli-Adorno von ihren Nachbarn, der Familie des Lokalpoeten Adolf Stoltze (1842-1933), ihres verhärmten Aussehens wegen »das Schmalche« genannt (Franz Calvelli-Adorno).

6. Elisabeth Calvelli-Adorno (1835-1897), die Großmutter mütterlicherseits, mit ihren Kindern Louis, Maria und Agathe, um 1879.

Maria, Louis und Agathe Calvelli-Adorno erhielten von ihrer Mutter eine »vorzügliche gesangliche Ausbildung« (Franz Calvelli-Adorno) und stellten ihr »ausgesprochenes musikalisches Talent« (»Frankfurter Zeitung« 1880) schon als Kinder öffentlich unter Beweis: das »Sänger-Kleeblatt« (»Frankfurter Zeitung« 1878) trat in einer Reihe von Konzerten in Frankfurt und Umgebung auf.

Louis Calvelli-Adorno »betonte immer wieder« – so hat es sein Sohn überliefert –, seine Schwester Maria »sei die Begabteste von ihnen dreien« gewesen, »obwohl die Faulste. Wie sie Klavierspielen lernte [...], konnten er und andere sich nicht erklären. Ich erinnere mich noch, daß sie Teile eines großen Chopin-Nocturnes mit starkem Ausdruck und wunderbar im Stil wie ein großer Pianist spielte« (Franz Calvelli-Adorno). Doch auch Louis, »der von frühester Jugend an sich autodidaktisch am Klavier abarbeitete«, und Agathe verfügten über überdurchschnittliche pianistische Fähigkeiten. Was sie konnten, hatten sie sich selbst beigebracht. Die Calvelli-Adornos waren zu arm, um ihren Kindern Klavierunterricht – etwa von Wilhelmine Pfitzner (1841-1924), der Mutter des Komponisten Hans Pfitzner, die eine Zeitlang mit ihnen im selben Haus wohnte – geben zu lassen.

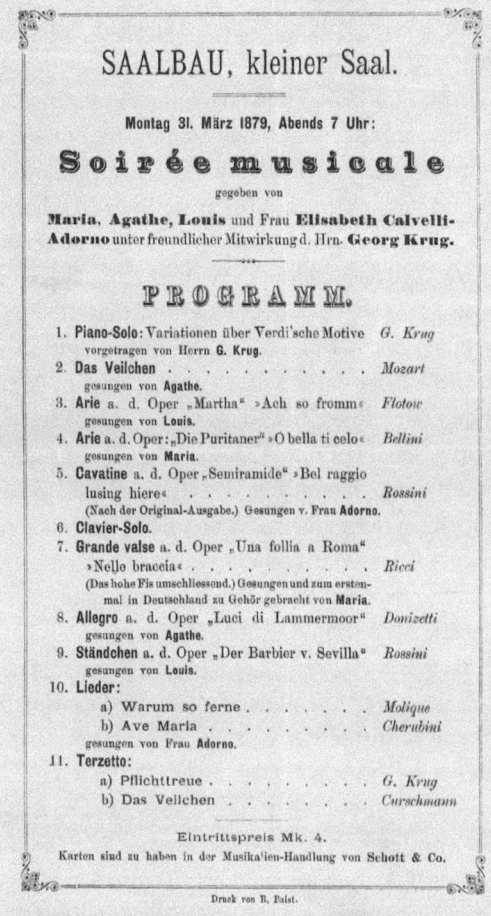

7. Programm einer »Soirée musicale« mit Maria, Agathe, Louis und Elisabeth Calvelli-Adorno im Frankfurter »Saalbau«, 1879.

Im August 1884 wurde Maria Calvelli-Adorno von dem Impresario ›Colonel‹ James Henry Mapleson (1830-1901) engagiert. Als Mitglied einer 147köpfigen »Company« sollte sie für 800 Mark monatlich an der »definitiven Abschieds-Tournee« der berühmten Sopranistin Adelina Patti (1843-1919) durch Amerika mitwirken. Begleitet von ihrer Mutter und ihrer Schwester, reiste sie Ende Oktober 1884 von Liverpool nach New York, wo das Ensemble an der »Academy of Music« Flotows »Martha« und andere Opern aufführte (Näheres zu Auftritten Maria Calvelli-Adornos ist nicht bekannt). Höhepunkt des Aufenthalts in New York war die Feier von Adelina Pattis silbernem Bühnenjubiläum Ende November 1884. Am Schluß der Galavorstellung »bildeten die Mitglieder der Operntruppe ein Spalier auf der Bühne und in der Mitte erschien eine Militär-Capelle, welche einen Marsch spielte, der von der Jubilarin vor 10 Jahren componirt worden« war. »Außerhalb des Theaters wurde sodann ein Aufzug formirt. Die Militär-Capelle an der Spitze, dann folgte Madame Patti in einer von vier Schimmeln gezogenen Equipage, der sich [...] etwa 2000 Personen anschlossen. Im Windsor Hotel angekommen, wurde der Künstlerin ein Ständchen gebracht.« (»Neue Zeitschrift für Musik«, 19. Dezember 1884). Maria Calvelli-Adorno hat später »oft« (Franz Calvelli-Adorno) von ihrer Amerika-Reise »an der Seite der Patti« erzählt – doch an deren eigentlicher Tournee nahm die 19 Jahre alte Frankfurterin gar nicht mehr teil. Bereits nach dem ersten Gastspiel mit Donizettis »Lucia di Lammermoor« in Boston kehrte sie am 15. Januar 1885 nach Europa zurück.

8. Die »City of Berlin«, mit der Maria Calvelli-Adorno in Begleitung ihrer Mutter und ihrer Schwester nach Amerika und wieder zurück fuhr (Holzstich aus einer Bord-Zeitung des Schiffs, in der auch die Passagierliste abgedruckt ist).

In der Saison 1885/86 hatte Maria Calvelli-Adorno ein Engagement am Hof-Operntheater in Wien. Eine ihrer ersten Partien war die Stimme des Waldvogels in Wagners »Siegfried«, die sie nach dem Urteil eines Kritikers »frisch und fröhlich heraus[schmetterte]« – »nur war leider vom Texte kein Wort zu verstehen«. Danach durfte sie als eine Art Urlaubsvertretung im August 1885 den Pagen in Meyerbeers »Hugenotten« singen: »Die noch sehr junge Künstlerin, der man die Angst deutlich anmerkte, entledigte sich ihrer Aufgabe mit vielem Erfolge«, lobte die »Wiener Allgemeine Zeitung« vom 14.8.1885, bemängelte jedoch, daß sie »fortwährend die Bewegungen eines Schaukelstuhls« nachgeahmt habe. Auch dem »Illustrirten Wiener Extrablatt« vom selben Tage fiel die »Befangenheit« unangenehm auf, die sie »im Spiel verrieth«. Dennoch sei ihr »Können [...] respectabel. Nur mag sie zusehen, daß das leise Beben ihres Organs nicht zu einem unerträglichen Tremolo sich auswachse«.

Da die »Hofopernsängerin Fräulein Adorno« in Wien auf Dauer »keine genügende Verwendung finden konnte«, ließ sie sich ans Stadt-Theater in Köln abwerben, wo sie unter anderem mit »heller, glockenreiner Stimme« als eine der Rheintöchter in Wagners »Rheingold« auftrat. 1887/88 folgte ein Engagement am Stadt-Theater in Riga.

9. Maria Calvelli-Adorno (1865-1952), um 1884. »Obwohl ihr seit ihrem 16. Lebensjahr die Männer verfallen waren, war sie diesen gegenüber von unbeirrbarer Festigkeit; viele Jahre Opernsängerin, muß sie die Rolle der Susanna aus ›Figaro‹ im Leben oft gespielt haben.« (Franz Calvelli-Adorno).

10. Agathe Calvelli-Adorno (1868-1935), um 1884.
Adornos Tante war weder eine »ausgezeichnete Konzert-
pianistin«, noch »begleitete« sie »lange Zeit [...] Adelina
Patti« (Martin Jay). Sie war wie ihre Schwester von Beruf
Sängerin, noch dazu mit eminenter »musikdramatischer
Begabung« (Franz Calvelli-Adorno). Ihre Kleinwüchsigkeit
machte ihr jedoch eine Opern-Karriere unmöglich.

11. Louis Calvelli-Adorno (1866-1960), um 1884.
Adornos Onkel trat 1881 als Lehrling in das Frankfurter
Bankhaus von Erlanger & Söhne ein, das 1904 von der
Dresdner Bank übernommen wurde, und brachte es bis
zum Direktor.

Als Maria und Agathe Calvelli-Adorno in den Jahren nach 1890 nur noch vereinzelt öffentlich auftraten, wurden sie von ihrem Bruder Louis finanziell unterstützt. Auch wenn es ihnen »geldlich [...] nicht übermäßig gut« ging, erinnerte sich die mit ihnen befreundete Frauenrechtlerin Henriette Fürth (1861-1938), fand der »Gast [...] immer einen gedeckten Tisch« – mit »sechserlei Kaffeetassen«. »Und tüchtig waren alle. Da komme ich einmal hin und finde alle drei Damen« – also auch die Mutter Elisabeth Calvelli-Adorno – »in eifriger Tätigkeit. Die eine überzog ein Paar weiße Atlashandschuhe, die zweite einen Regenschirm, die dritte fertigte einen Herrenkragen an. Ich sah staunend und mit allerhöchstem Respekt zu.«

12. Programm eines Konzerts von Maria und Agathe Adorno im Frankfurter Hoch'schen Konservatorium, 1890.

Adornos Großvater Theodor Wiesengrund (1838-1920) war der Erbe einer Weinhandlung, die sein Vater Bernhard 1822 in Dettelbach (Unterfranken) gegründet hatte (das Gründungsjahr ist in sämtlichen Werbeanzeigen der Firma und im »Altfrankfurter Firmen-Handbuch« von 1925 angegeben, das sich auf Selbstauskünfte der Firmen stützte; am 25. Juli 1922 wurde demnach der »Tag der Centenarfeier« begangen). Mitte der 1860er Jahre verlegte die Firma ihren Sitz an die »Schöne Aussicht« Nr. 7 in Frankfurt, eine Straße am Mainufer mit einer »langen Reihe prächtiger Häuser« (Johanna Schopenhauer). Da die Häuser über riesige Keller verfügten und verkehrsgünstig lagen, hatten sich an der »Schönen Aussicht« auch andere Weinhandlungen niedergelassen, zum Beispiel Manskopf & Söhne – »Hoflieferanten Sr. Majestät des Kaisers« – in Nr. 16 und Behrends Sohn in Nr. 12 (der Familie Behrends entstammte die Verlobte Nikolaus Lenaus). Wenn »Teddie« als Kind seinen Großvater besuchte, stieg ihm im Treppenhaus Weinduft in die Nase, im Keller konnte er die Küfer arbeiten hören.

13. »Herr Theodor Wiesengrund sendet herzliche Glück-
wünsche«: gedruckte Gratulationskarte des Großvaters
väterlicherseits, mit eigenhändigem Zusatz, 1910.

Theodor Wiesengrund und seine Frau Lina hatten sechs Kinder: Paul Friedrich, der 1886 im Alter von nur 17 Jahren starb, Oscar Alexander, Bernhard Robert (1871-1935), Alice Betty (1873-1935), Jenny Leonore (1874-1963) und Mathilde Cäcilie (1876-1878).

Der Elektro-Ingenieur Bernhard Wiesengrund promovierte 1893 in Rostock mit einer Dissertation über »Ergebnisse von Experimental-Untersuchungen bei Umschmelzungen von Blei-Zinn-Legirungen« (gedruckt Leipzig 1894), ging 1902 nach England und wurde ein erfolgreicher Unternehmer (GS 4, S. 52: »Maschinen, wie mein Onkel in seiner Londoner Fabrik sie herstellte«). Seit 1914 britischer Staatsbürger, ließ er 1917 seinen Namen in »Bernard Wingfield« ändern.

14. Bernhard Wiesengrund: »Die Elektrizität, ihre Erzeugung, praktische Verwendung und Messung« (1894), mit fünf Auflagen (bis 1902) die erfolgreichste Veröffentlichung des Onkels.

Oscar Wiesengrund lebte seit 1890 – mit Unterbrechungen – in London und war dort auch beruflich tätig, nachdem ihm sein Vater 1896, zwei Jahre nach dem Tod der Mutter, die Leitung der Weingroßhandlung übertragen hatte. Am 4. Juli 1898 heiratete er in London Maria Calvelli-Adorno. Wie der folgende Auszug aus dem Brief vom 25. November 1898 belegt, kümmerte sie sich in Frankfurt um das Geschäft und versorgte ihren Mann mit Informationen: »Diese lange Abwesenheit von Maria ist mir natürlich höchst lästig. Aber ich habe das größte Interesse daran, mir materiel[l] meine Unabhängigkeit zu wahren. Und dazu ist zunächst leider meine Reisetätigkeit noch unbedingt erforderlich. Geschäft war bisher leidlich und jedenfalls lohnt es, daß man sich darum bemüht. Maria's Thätigkeit zu Hause hat das doppelte Gute, daß ich d. Personal unter Controlle weiß und sie selbst geregelt beschäftigt ist und so das Alleinsein weniger empfindet. Du irrst, wenn Du glaubst, ihre Beschäftigung an d. Sch[önen] Auss[icht] sei wertlos. Sie ist es durchaus nicht, denn sie hat in d. kurzen Zeit ganz bedeutenden Überblick gewonnen, was z.B. an d. Art wie sie mich über die Vorkommnisse unterrichtet, frappant ersichtlich [ist]. Diese Berichte selbst sind mir äußerst wertvoll, weil ich durch dieselben die Fäden der Regie zu Hause in Händen behalte. Ich bin sehr froh und beruhigt, Agathe wieder bei uns zu haben [...]«.

15. Handschrift Oscar Wiesengrunds: Ein unbekannter Brief an seinen Schwager Louis Calvelli-Adorno. London, 25. November 1898.

Die »Weingroßhandlung Bernhard Wiesengrund« war im Ex- und Importgeschäft tätig, ihr Sortiment umfaßte »Rhein-, Pfalz-, Mosel-, Saar-, Bordeaux-, Burgunder-, Dessert-, Stärkungs-, Süd-, Schaumweine«, außerdem »Cognac. Arac. Rum. Liqueure.« (Firmenwerbung). Im pfälzischen Deidesheim besaß sie einen eigenen Weinberg (Agathe Calvelli-Adorno am 3. Oktober 1930 an ihren Neffen Franz: »Oscar ist in der Pfalz bei der Weinlese«).

Thomas Mann war voll des Lobes über den Wiesengrund-Wein. Unter dem Datum des 12. September 1944 hielt er im Tagebuch fest: »Zum Abendessen bei Adorno's. Wundervoller Pfälzer.« (Vermutlich trank er 1934er »Deidesheimer Rennpfad« oder 1934er »Forster Freundstück«, beste Lage also.)

16./17. Werbung für die Weingroßhandlung Bernhard Wiesengrund (1913) und Etikett für einen Schaumwein, den Oscar Wiesengrund seiner Frau zu Ehren »Calvelli-Adorno« nannte.

18. Entladen eines Weinschiffs am Mainkai, um 1920. In seiner Kindheit konnte »Teddie« Wiesengrund täglich den Transport großer Weinfässer an die »Schöne Aussicht« beobachten.

19. »Ueb' Aug' und Hand für's Vaterland!«: Kolorierte
Postkarte zum 17. Deutschen Bundes- und Goldenen Ju-
biläums-Schießen in Frankfurt a.M. (1912). Die Firma
Wiesengrund gehörte zu den Sponsoren der Veranstal-
tung unter der Schirmherrschaft Prinz Heinrichs von
Preußen, inserierte in der »Festzeitung« und stiftete eine
der »Ehrengaben«.

Stoltzes Gedicht über einen ›Schnorrer‹ mit dem (ost-)jüdischen Namen »Gedalje« war Adorno aus seinem Elternhaus bekannt, das sich »gegen die Ostjuden« (GS 18, S. 501) abgrenzte. Nicht wenige Assimilanten taten dies: man versuchte – so Hans Jakob Bauer, Sohn des jüdischen Frankfurter Chemikers Hugo Bauer (1883-1968) – »sich von den Ostjuden fernzuhalten, sich diese jüdischen Manifestationen so weit wie möglich vom Leibe zu halten«, »deutscher« zu sein »als die Deutschen«.

In assimilierten jüdischen Familien feierte man Weihnachten »mit allem Drum und Dran, also nach guter deutscher Sitte« (John Otto Reinemann). Bei den Wiesengrunds durfte sich »Teddie« als »kleines Bübchen [...] jedes Mal [...] sein Christbäumchen« selbst im Taunus aussuchen und war »am Weihnachtsabend [...] fest überzeugt«, »er habe das ausgesuchte erhalten« (Agathe Calvelli-Adorno).

Über Oscar Wiesengrunds Leben als »deutscher Jude« wie über seine jüdischen Freunde, etwa den Arzt Dr. Emil Liefmann (1878-1955), der mit Thomas Mann näher bekannt war, oder Rosie Stern, Oberlehrerin für Deutsch, Geschichte und Geographie am »Philanthropin«, der Schule der Israelitischen Gemeinde, weiß man bislang so gut wie nichts. Auch die Beweggründe, die Adornos Vater am 15. Januar 1910 zum Austritt aus der Israelitischen Gemeinde veranlaßten, sind noch unklar.

20. »Stoltze-Karte« des »Jacobs Kunstverlags Frankfurt a. M.« (um 1910) mit dem Dialekt-Gedicht »Er kann net!« des Frankfurter Lokalpoeten Friedrich Stoltze (1816-1891), dessen Mundart-Dichtungen Adorno von klein auf »stundenlang rezitieren« konnte (Andreas Razumovsky 1968). Auf den »berühmte[n]« Schlußvers des Gedichts nahm er in seiner Vorlesung zur Lehre von der Geschichte und von der Freiheit am 4. Februar 1965 Bezug (NaS IV/13, S. 277).

Adornos ›zwei Mütter‹ bildeten sich 1916 ein, »auf einer Waldchaussee bei Frankfurt« den »Kanonendonner von Verdun« hören zu können, der vermeintlich »bis dahin trug« (GS 16, S. 118) – ein deutliches Zeichen ihrer Sorge um Oscar Wiesengrund, der sich freiwillig als Sanitäter gemeldet hatte und »jahrelang [...] in Frankreich« im Einsatz war (Franz Calvelli-Adorno).

21. »Im Frankfurter Schützengraben auf dem Gelände der Festhalle«, 1916. Die militärische Übungsanlage eines Ersatzbataillons war für die Großstädter zur Besichtigung freigegeben und sollte sie über das »Elend« (Oscar Wiesengrund) an der Front hinwegtäuschen.

»Un guckst De rickwärts uff dei Lewe,/War's Arweit [...]
Mih un Plag«, heißt es 1920 in einem Mundart-Gedicht
von Adolf Stoltze zum fünfzigsten Geburtstag Oscar Wiesengrunds.

In Adornos Werk kommt die Berufswelt des Vaters so gut
wie nicht vor (zu den ganz wenigen, indirekten Äußerun-
gen können allenfalls der Titel »Zweite Lese« [GS 4, S. 123],
der sich wohl auf die Weinernte bezieht, und die beiläu-
fige Bemerkung im Mahler-Buch, »in Österreich« nenne
man »die Rieslingtrauben ›schmeckert‹« [GS 13, S. 171],
gerechnet werden: als ›Grobschmeckerter‹ wird der gelbe
Muskateller bezeichnet). Dagegen hat er das Arbeitsethos
des rastlos tätigen Kaufmanns zutiefst verinnerlicht.

Im November 1938 »erhielt« Oscar Wiesengrund »bei dem
Pogrom eine Verletzung an seinem ohnehin schon leiden-
den Auge« (Theodor W. Adorno: Brief an Walter Benjamin. New York, 1. Februar 1939). Die SA verwüstete seine
Firma, er selbst wurde verhaftet und mit Tausenden jüdi-
scher Männer in der Festhalle interniert. Auch Adornos
Mutter, »damals schon 73, wurde aus uns unbekannten
Gründen – obwohl ›arisch‹ – drei Tage im Polizeigefäng-
nis eingesperrt«, wie sich ihr Neffe erinnerte, »vielleicht
infolge einer Denunziation aus Oberrad«. Mit Hilfe des
Anwalts Dr. Hans Wilhelmi (1899-1970) gelang es, sie »zu
befreien«. Oscar Wiesengrund wurde ebenfalls »nach einigen Tagen« schlimmer Schikanen entlassen und entging
damit nur um ein Haar der Deportation ins KZ: »nie«, so
Franz Calvelli-Adorno, »werde ich den Anblick des wei-
nenden Mannes vergessen«. Über Kuba emigrierten Oscar
und Maria Wiesengrund in die USA.

22. Der Vater: Oscar Wiesengrund (1870-1946), 1925.
Er war »sensibel«, »temperamentvoll«, »gütig«, »vermögend
und großzügig« (Franz Calvelli-Adorno).

2. Frankfurter Kindheit nach 1900:
Die frühen Jahre

»Der Sohn [...] lebte und webte nur im Reich der Töne;
die Musik war ihm alles, der Handel und Kommerz des
Vaters war ihm zu gemein und niedrig.«

(Wilhelm Hauff: »Die Sängerin«, 1826)

Seit September 1899 waren der Kaufmann Oscar Alexander Wiesengrund und seine Frau Maria Mieter einer »geräumigen Wohnung« (Franz Calvelli-Adorno) im Erdgeschoß des Hauses »Schöne Aussicht« Nr. 9. Das »gewaltige« Gebäude, Eigentum eines Gutsbesitzers namens Willmar-Doetsch, galt aufgrund seiner Größe als »das Gegenstück des Schopenhauerhauses« an der »Schönen Aussicht« Nr. 16, in dem der Philosoph bis 1860 lebte. Im Januar 1944 wurde das Haus Nr. 9 durch drei Bomben zerstört, die »den schwer gewölbten Keller« durchschlugen (Fried Lübbecke).

Hier kam am 21. Oktober 1900 der erste Sohn der Wiesengrunds tot zur Welt und blieb deshalb namenlos (die Existenz des »totgeb[orenen] Knabe[n]« ist durch einen Vermerk in der Einwohnermeldekartei dokumentiert. Ob Adorno jemals erfuhr, daß er einen älteren Bruder hatte, erscheint fraglich).

Ihr zweiter Sohn wurde am 11. September 1903, »vormittags um fünfeinhalb Uhr«, geboren und am 4. Oktober durch Domkaplan Franz Perabo im Frankfurter Dom katholisch getauft. Er erhielt, seinem Großvater väterlicherseits und seinem Onkel mütterlicherseits zu Ehren, die Vornamen »*Theodor* Ludwig«.

23. Die Mutter: Maria Wiesengrund vor dem Haus »Schöne Aussicht« Nr. 9, in dem ihre beiden Söhne geboren wurden, um 1905.

24. Die »Schöne Aussicht« mit der »langen geschlossenen Zeile der hellen Häuser« (Rudolf G. Binding: »Erlebtes Leben«, 1927). Links Verkaufsstände der zweimal jährlich

stattfindenden »Dippemess« (Töpfer-Markt), im Hintergrund die Alte Mainbrücke, 1909.

Der Brief, in dem Adorno am 29. Juli 1935 Ernst Krenek den Tod seiner Tante mitteilte, läßt die geradezu symbiotische Verbindung zwischen ihm und Agathe Calvelli-Adorno erahnen: »Es ist nicht zu sagen, was der Verlust für mich bedeutet: nicht der Tod einer Verwandten, sondern des mir von allen am nächsten stehenden Menschen, meines treuesten Freundes, des Stückes Natur, aus dem ich mich immer wieder regenerieren konnte. Ich bin völlig auf den Kopf geschlagen und komme nur ganz langsam überhaupt dahin, mir vorzustellen, daß und gar wie ich weiterleben kann.«

Der Einfluß, den sie auf die (vor allem) musikalische Erziehung und Bildung ihres vergötterten Neffen hatte, kann gar nicht hoch genug veranschlagt werden.

»Teddies« Cousin Franz hat seine Tante mit den folgenden Worten charakterisiert: »Klein, grazil [...] mit [...] früh ergrautem Haar. Ihre von jeder Eitelkeit freie Sicherheit und Stärke war durch nichts zu erschüttern – am allerwenigsten wenn sie unrecht hatte. Ein blitzartiges Urteil über Menschen und Dinge stand in einer Sekunde fest und war unabänderlich. Ihre ungewöhnliche Klugheit führte sie meist nicht irre, wenn aber doch einmal, konnte es traurige, bittere Folgen haben. Ich habe selten einen Menschen gesehen, der so hart und so weich sein konnte [...]. Ihre Aufopferungsfähigkeit für andere kannte ebenso wenig Grenzen, wie ihre Härte oder Ablehnung, ja Haß gegen Menschen, die ihr querkamen.«

25. Agathe Calvelli-Adorno, Adornos Tante und ›zweite Mutter‹, von der er sich nicht nur in musikalischen Fragen »leiten« ließ (Siegfried Kracauer an Leo Löwenthal, 12. April 1924).

Die Lieder, die ihm seine beiden Mütter aus dem »Schottschen Liederbuch« (GS 4, S. 227) vorsangen, begleiteten ihn das Leben hindurch: »Schlaf in guter Ruh'« war Adornos »Lieblingslied« (Walter Benjamin) noch als Erwachsener, und über »Zwischen Berg und tiefem, tiefem Tal« schrieb er in den »Minima Moralia« (1951): »Seit ich denken kann, bin ich glücklich gewesen mit dem Lied [...] von den zwei Hasen, die sich am Gras gütlich taten, vom Jäger niedergeschossen wurden, und als sie sich besonnen hatten, daß sie noch am Leben waren, von dannen liefen. Aber spät erst habe ich die Lehre darin verstanden: Vernunft kann es nur in Verzweiflung und Überschwang aushalten; es bedarf des Absurden, um dem objektiven Wahnsinn nicht zu erliegen. Man sollte es den beiden Hasen gleichtun; wenn der Schuß fällt, närrisch für tot hinfallen, sich sammeln und besinnen, und wenn man noch Atem hat, von dannen laufen. Die Kraft zur Angst und die zum Glück sind das gleiche, das schrankenlose, bis zur Selbstpreisgabe gesteigerte Aufgeschlossensein für Erfahrung, in der der Erliegende sich wiederfindet. Was wäre Glück, das sich nicht mäße an der unmeßbaren Trauer dessen was ist?« (GS 4, S. 227f.).

Doch nicht nur der Eindruck der Lieder aus Friederike Mercks Sammlung war unauslöschlich: auch die Illustrationen darin gehörten für Adorno zu den Bildern, »die wir aus unserer Kindheit bewahren« (GS 16, S. 265). Noch 1964 stand ihm die »Illustration ›Winter ade‹« mit dem »alte[n] Mann« auf »der Flucht« (GS 10/1, S. 363) deutlich vor Augen.

26. »Winters Abschied«: Illustration von Ludwig von Zum-
busch (1861-1927) zu dem Lied »Winter, ade!« in der
zweibändigen Sammlung »Unser Liederbuch. Die beliebte-
sten Kinderlieder, ausgewählt von Friederike Merck« des
Verlags B. Schott's Söhne (Mainz 1900/1902).

Seit seiner frühen Kindheit hatte Adorno eine Vorliebe für die Werke »des großen Wilhelm Hauff« (GS 16, S. 279). Auf Märchen wie »Zwerg Nase« und »Kalif Storch« kam er häufig – öffentlich wie privat – zu sprechen, beispielsweise am 23. Februar 1961 in seiner Vorlesung über Ontologie und Dialektik (NaS IV/7, S. 341), in seinem 1966 erschienenen Buch »Negative Dialektik« (GS 6, S. 183f.) oder auch in einem kurzen Text »über die zahllosen bunten Fahrscheinmodelle der Londoner Autobusse«, der im Frühjahr 1934 entstand (die »Kuriosität« wurde von Rolf Tiedemann 1993 im Band II der »Frankfurter Adorno Blätter« aus dem Nachlaß veröffentlicht).

27. »Zwerg Nase«: Radierung von Johann Baptist Sonderland (1805-1878) in »Märchen für Söhne und Töchter ge-
bildeter Stände von Wilhelm Hauff« (Stuttgart 8. Auflage
1853).
Diese Ausgabe der Rieger'schen Verlagsbuchhandlung war
Walter Benjamin »wegen der Bilder von Sonderland« besonders »lieb« (Brief an Theodor W. Adorno. Paris, 9. Dezember 1938).

Womit hat Adorno als Kind gespielt?

Ein Mitschüler erinnerte sich Jahrzehnte später, daß »Teddy« bereits eine der ersten elektrischen »Zimmereisenbahnen« besaß, als sich Gleichaltrige noch am Schaufenster eines Zinngießers in der Töngesgasse nach ihnen die Nasen plattgedrückt hätten.

Adorno selbst beschrieb 1928 »ein Spielzeug«, das ihm vermutlich aus der eigenen Kindheit »vertraut« war: »kleine Bildchen, die man befeuchtet, auf Papier oder schöner wohl auf Glas aufklebt und von dort abzieht: es bleiben dann andere Bilder zurück, die in den Streifen versteckt sein mochten und nun als deren inwendige Schicht sichtbar werden, ohne dem trockenen Bild irgend zu gleichen. Hatte man ein Kamel aufgeklebt, so erscheint eine Seeschlacht vielleicht; einer holländischen Windmühlenlandschaft entsteigt Wilhelm Tell mit dem Bogen, vorm Fenster in leuchtender Diaphanie, von der die Bildmarke nichts verriet. Oft geschieht es, daß der Zauber des zweiten Bildes nur unvollständig glückt, dichte Papierstreifen kleben noch darüber oder es bilden sich Lücken, durch die das Fenster und ein Stück Himmel hereinschaut; ja bei ungeschicktem Verfahren muß man zuweilen den Umriß des zweiten Bildes mühsam erraten, was freilich fast stets gelingt.« (GS 18, S. 296).

28. »Reizende Überraschung für die Jugend«: Kamel aus einem Album »Verwandlungs-Abziehbilder« (»Decalcomanies magiques«) der Firma Globus, um 1910.
Gebrauchsanweisung: »Schneide die Bilder genau nach den schwarzen Linien aus, lege dieselben eine Minute oder zwei ins Wasser und dann auf den Gegenstand, auf welchem dieselben erscheinen sollen. Drücke die Bilder mit einem weichen Tuch oder Löschpapier leicht an, schiebe das Papier vorsichtig von links nach rechts ab und es entsteht ein vollständig anderes, sehr hübsches, farbenprächtiges Bild.«

Die ersten Jahre der Kindheit Adornos wurden vom Leben am Fluß geprägt. (War es ein Zufall, daß er, aus Deutschland vertrieben, 1938 in New York eine Wohnung am Riverside Drive bezog, von der aus er auf den Hudson schauen konnte?).

Zu seinen frühen Kindheitseindrücken gehörte der Anblick vorbeiziehender Schiffe, deren Masten und Schornsteine beim Passieren der Brücken umgelegt werden mußten, aber auch von Obdachlosen, die »auf den Bänken der Mainanlagen zu nächtigen pflegten« (GS 10/1, S. 307). Im Sommer kündigte sich das Kommen eines Dampfers, der »die Maakuh« genannt wurde, »schon kilometerweit durch das Rasseln einer riesigen Kette an. Diese lag auf dem Boden des Flusses von Mainz bis Aschaffenburg. Der Main führte oft so wenig Wasser, daß ein Schiff mit Rad- oder Schraubenbetrieb nicht fahren konnte. So nahm also ein an Bug und Heck flach im Wasser abfallendes Dampfschiff die Kette aus dem Fluß auf, leitete sie über das ganze Schiff und zog sich an ihr flußaufwärts. Das war mit einem großen Lärm verbunden [...].« (Paul Müller).

Im Main ließ »Teddie« wohl auch seine erste (Wein-)Flaschenpost schwimmen.

29. Spielende Kinder am Mainufer unterhalb der »Schönen Aussicht«, 1912.

Seinem Freund Andreas Razumovsky gegenüber äußerte Adorno 1968, »es bestehe [...] eine nachhaltige Beziehung zwischen seiner Frankfurter Jugend und seinem Lebensweg und Werk. Er könne das auf mehreren Ebenen rationalisieren. Die Erfahrung des Außenseitertums verbinde sich in seiner Kindheit mit dem Erlebnis des Untergründigen des Sachsenhäuser Alltags. Wie er als Kind gruselndgenußvoll gespielt hatte in den mehrgeschossigen Kellern der väterlichen Weinhandlung Wiesengrund, deren weitläufige Gewölbelabyrinthe die ›[Schöne] Aussicht‹ unterhöhlten, habe er mit besonderer Lust Freundschaft mit einem Schulkameraden aus der Sachsenhäuser Schläger- und Wirtshauswelt gepflegt.«

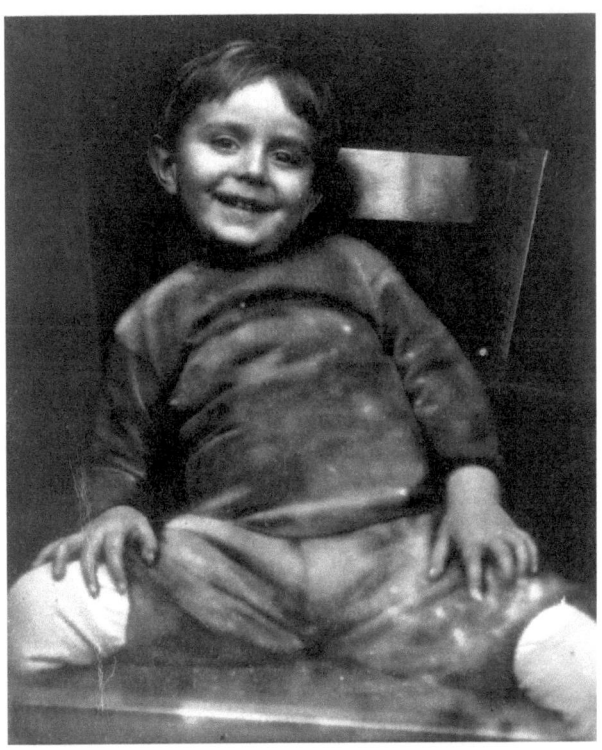

30. Der Lausbub. Das Foto mit Adornos eigenhändigem Zusatz »Prosit Neujahr! Teddie« wurde zum Jahreswechsel 1909/10 an die Familie des Lokalpoeten Adolf Stoltze geschickt. Auf der Rückseite: »Viele innige Neujahrswünsche u. Grüße senden Marie u. Oscar Teddie u. Agathe«.

Der »rustikale Ton der Dialoge« (Walter Benjamin) in Adornos Singspiel »Der Schatz des Indianer-Joe« (1932/33) –
nach Mark Twains »The Adventures of Tom Sawyer« – ist
an manchen Stellen den »Altstadtbuben« seiner Kindheit
abgelauscht, die im Sommer verbotenerweise im Main
schwammen und versuchten, auf vorüberfahrende Last-
kähne und Flöße zu klettern. Hessische Mundartausdrücke
und -wendungen wie »er hat dir mit dem Brett eine vors
Pleß [die Stirn, R.P.] gegeben«, »Saubälg« oder »Ich bin
gerade wie vom Watz gepetzt« lassen weniger an die
»Jackson-Insel« bei Hannibal/Mississippi als vielmehr an
die Frankfurter Maininsel denken.

31. Sachsenhäuser »Gassebuwe« (Straßenjungen), 1905.
Das Foto entstand in der Klappergasse, in der Alois Gün-
ther, der »vieljährige« Kellermeister der Weingroßhandlung Wiesengrund, wohnte.

In der Nacht vom 18. auf den 19. Mai 1910 standen die Frankfurter dichtgedrängt an der »Schönen Aussicht« und suchten gespannt den Himmel ab: sie erwarteten den Halleyschen Kometen, von dem manche Untergangsprophezeiten behaupteten, sein Schweif werde der Menschheit den »Kältetod« (GS 3, S. 335) bringen. Doch nichts geschah – der vorhergesagte ›Weltwinter‹ blieb aus.

Wenige Jahre später, im Januar 1914, sanken die Temperaturen indes so tief unter Null, daß der Main tatsächlich zufror. Das seltene Naturereignis vor Adornos Haustür lockte Tausende von Frankfurtern an »de Maa«. Allen, die es miterlebten, blieb das ohrenbetäubende Getöse, mit dem die Eisdecke schließlich zerbarst und die Schollen auf die Uferflächen schob, unvergeßlich.

32. Der Main mit geschlossener Eisdecke, Januar 1914.

Vom 10. Juli bis zum 17. Oktober 1909 fand auf dem Gelände rund um die Frankfurter Festhalle die »Internationale Luftschiffahrt Ausstellung« (»Ila«) statt. Diese Großveranstaltung mit 1,5 Millionen Besuchern ließen sich die Wiesengrunds selbstverständlich nicht entgehen. Mit ihrem sechsjährigen Sohn nahmen sie vermutlich Ende September auch an einem Kinderfest teil, bei dem jedes Kind »als Andenken eine niedliche Zeppelin-Medaille« erhielt. »Gewaltiges Hallo gab es bei den Kleinen«, als nachmittags das Luftschiff »Parseval« aufstieg und bei der Rückkehr von einer Fahrt nach Wiesbaden am selben Abend »unter dem Jubel der Kinder langsam nieder[ging]« (»ILA Ausstellungs-Zeitung« No. 84, 1. Oktober 1909).

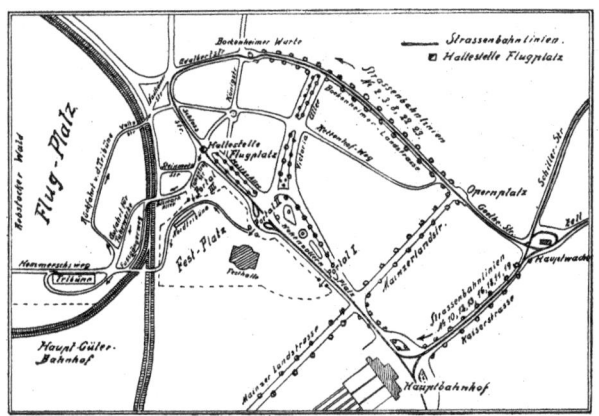

33. »Situations-Plan« der »Internationalen Luftschiffahrt
Ausstellung« (»Ila«) in Frankfurt a.M., 1909.
»[...] mein Vergnügen [...] galt [...] den bunten Landesfarben [...] Ähnlich empfand ich auf Ausstellungen wie der
›Ila‹ im Anblick der zahllosen Wimpel, die da einverstanden nebeneinander flatterten.« (GS 10/1, S. 305).

Im letzten Jahr seines Lebens soll Adorno darauf bedacht gewesen sein, möglichst keine Folge der Fernsehserie »Daktari« zu versäumen (die Reihe mit der gezähmten Schimpansin Judy und dem schielenden Löwen Clarence strahlte das ZDF von Januar 1969 an samstags aus).

Für dressierte Affen interessierte er sich schon als Kind. »Um 1910«, erinnerte sich Adorno 1937, gab es einen »uniformierten Affen ›Konsul Peter‹«, der unter anderem »Rad fahrend vorgeführt« wurde (GS 17, S. 101). Ob er den berühmten Schimpansen, der 1908 seine Kunststückchen als »höchst gesitteter Gesellschaftsmensch« (so der Zoologe Ernst Haeckel) auch im Frankfurter Schumann-Theater zeigte, mit eigenen Augen sah oder bloß von ihm erzählt bekam, wissen wir nicht.

Es ist jedoch bekannt, daß die Wiesengrunds mit ihrem Sohn sehr häufig den Frankfurter Zoo besuchten, in dem bis 1909 das Orang-Utan-Weibchen »Trudi« und seit 1911 die Schimpansin »Basso« präsentiert wurden. »Basso wohnt nicht im Affenhaus; für sie ist ein Zimmer des ersten Stockes des Gesellschaftshauses hergerichtet. Sie trägt ein sehr gutartiges Wesen zur Schau und glänzt durch außergewöhnliche Gelehrigkeit. Sie arbeitet als Universalkünstlerin mit einem ungemein reichhaltigen Programm, dessen Abwicklung mehrmals am Tage zu bestimmten Stunden stattfindet.« (»Zoologischer Beobachter«, 1916).

Zur Erheiterung ihrer Familie erlaubte sich Adornos Mutter gelegentlich den Spaß, ›de Aff zu machen‹, einen »Menschenaffen im Zoo mit allen Bewegungen von Händen und Füßen« zu imitieren (Franz Calvelli-Adorno).

Kongo-Schimpansin „Basso"

34. Die dressierte Schimpansin »Basso«, eine der Haupt-
attraktionen des Frankfurter Zoos, beim Kartenspiel mit
ihrem »Pfleger und Lehrmeister« R. Burkhardt, um 1914.
Adorno in der »Ästhetischen Theorie«: »[...] nichts so aus-
drucksvoll wie die Augen von [...] Menschenaffen [...], die
objektiv darüber zu trauern scheinen, daß sie keine Menschen sind« (GS 7, S. 172).

Adorno war ein eifriger Zoo-Besucher. Zu »den Vertrauten meiner Kindheit«, schrieb er 1965 in einem Brief an den bekannten Frankfurter Zoo-Direktor Bernhard Grzimek, hätten besonders Hirscheber (»ein liebenswürdig bizarrer kleiner Dickhäuter«) und Wombats gehört (»Ich kann mich an diese freundlichen und rundlichen Tiere mit viel Identifikation aus meiner Kindheit erinnern und wäre sehr froh, wenn ich sie wiedersehen dürfte«).

Am meisten scheint ihn das Flußpferd »Lieschen« fasziniert zu haben. »Es verfügt über eine derart ansehnliche Körperfülle, daß es zurzeit als das größte augenblicklich in Zoologischen Gärten lebende seiner Art gelten darf« (»Zoologischer Beobachter«, 1916).

In Adornos privater Mythologie spielten Nilpferde, bei denen die Mutter um »ihr Kind zärtlich besorg[t]« ist und »auch in den unschuldigsten Dingen Gefahr« sieht (»Brehms Tierleben«), zeitlebens eine besondere Rolle: »Teddie«, der sich selbst scherzhaft »Nilpferdkönig Archibald Bauchschleifer« nannte, bezeichnete Maria Wiesengrund in Briefen liebevoll als »Wundernilstute Marinumba«.

35. »Nilpferd Lieschen«. Das »durch seine außergewöhnli-
che Größe bemerkenswerte« Tier (»Zoologischer Beobach-
ter«, 1918) lebte von 1896 bis 1940 im Frankfurter Zoo.
An »Lieschen«, die »Nilstute«, erinnerte Adorno in einem
Brief an die Mutter (»Mumma meine Nilstute«) vom 22.
Mai 1948.

36. Das Restaurant Oberschweinstiege im Frankfurter Stadtwald, in dem die Familie Wiesengrund auf Sonntagsspaziergängen Halt machte. Die Schweinstiege und der Luderbach (ebenfalls im Stadtwald) sind in Adornos »Negativer Dialektik« (1966) erwähnt (GS 6, S. 359).

37. Fabrik-Marke der »Chemischen Fabrik Griesheim Elektron« bei Frankfurt a. M., 1913.

Adorno 1929 über den Titel der Oper »Elektra« von Richard Strauss (Erstaufführung in Frankfurt am 6. Februar 1909): »Unter Richard Strauss dachte ich eine Musik, laut, gefährlich, überaus hell und ähnlich der Industrie oder, wie es damals mir sich darstellen mochte, den Fabriken: es war das Kinderbild der Moderne, das der Name entzündete. Mehr noch als die Erzählungen von lärmenden Stücken seiner Komposition, die meine Eltern und meine Tante gehört hatten, [...] nährte meine Imagination das Wort Elektra. Dies Wort war tosend und künstlicher, anziehend boshafter Gerüche voll wie ein großes chemisches Werk bei meiner Stadt, dessen Name sehr ähnlich lautete; blinkte kalt und weiß wie Elektrizität, nach der es zu heißen schien; ein elektrisches Räderwerk, das glänzte, Chlor ausströmte, und das man erst betreten durfte als Erwachsener, luminos, mechanisch, ungesund.« (GS 16, S. 282). Der Name der Firma »Griesheim Elektron« war Adorno vermutlich von einer »sonntäglichen Exkursion« bekannt (ebd.).

»Teddie« Wiesengrunds erster Schultag war der 4. April 1910, ein Montag. Als einer von 50 Jungen wurde er morgens um 9 Uhr in die Klasse VIIIa der Deutschherren-Mittelschule (Klassenlehrer: Philipp Lorey) aufgenommen. Die Schule am linken Mainufer, mit rund 550 Schülerinnen und Schülern eine der kleineren Frankfurter Mittelschulen, war 1904 nach Plänen des Stadtbauinspektors Max Berg erbaut worden und wurde seit ihrer Eröffnung von Rektor Heinrich Herber (1859-1927) geleitet, einem Duzfreund der Familie Wiesengrund-Adorno. (Wohl auch deshalb zeigte sich Adornos Mutter, als die Schule aus Anlaß des zehnjährigen Bestehens 1914 eine Geldsammlung zur Anschaffung eines neuen Dia-Projektors durchführte, durchaus großzügig: »Frau Mari[a] Wiesengrund schenkte 15 Mark«, die größte Einzelsumme. Insgesamt kamen für den »Lichtbilderapparat« 114 Reichsmark zusammen.)

Über Adornos Jahre an der Deutschherren-Mittelschule konnten bisher keine weiteren Einzelheiten ermittelt werden. Das Gebäude mit den »in Stein ausgehauenen schelmischen [...] Max- und Moritzgesichter[n]« im Treppenhaus wurde im Zweiten Weltkrieg zerstört, Schulakten aus Adornos Kindheit existieren angeblich nicht mehr.

38. Die Deutschherren-Mittelschule (zweites Gebäude von links) am Deutschherrenkai in Frankfurt-Sachsenhausen, die Adorno von 1910 bis 1913 besuchte. Im Vordergrund die Alte Mainbrücke.

Manches von dem, was an »vaterländischen Gedenktagen« auf Schulfeiern gesungen oder rezitiert wurde, hat Adorno nie vergessen: so ist etwa die erste Strophe von Hans Ferdinand Maßmanns bekanntem »Gelübde«: »Ich hab mich ergeben/mit Herz und mit Hand/dir, Land voll Lieb und Leben,/mein deutsches Vaterland« im »Lied vom Meineid« seines Singspiels »Der Schatz des Indianer-Joe« (1932/33) parodiert: »Ich habe geschworen/mit Herz und mit Hand,/das hab ich verloren,/was ich dabei fand.« Und in den »Minima Moralia« (1951) spielt er auf das Gedicht »Deutscher Rat« von Robert Reinick an, das ebenfalls jedem Pennäler seiner Generation geläufig war (GS 4, S. 31): »Vor allem eins, mein Kind: Sei treu und wahr,/laß nie die Lüge deinen Mund entweihn!/Von alters her im deutschen Volke war/der höchste Ruhm, getreu und wahr zu sein.//Du bist ein deutsches Kind, so denke dran!/Noch bist du jung, noch ist es nicht so schwer./Aus einem Knaben aber wird ein Mann;/das Bäumchen biegt sich, doch der Baum nicht mehr.//Sprich ja und nein und dreh und deutle nicht;/was du berichtest, sage kurz und schlicht;/was du gelobest, sei dir höchste Pflicht;/dein Wort sei heilig, drum verschwend es nicht!//Leicht schleicht die Lüge sich ans Herz heran,/zuerst ein Zwerg, ein Riese hintennach;/doch dein Gewissen zeigt den Feind dir an,/und eine Stimme ruft in dir: ›Sei wach!‹//Dann wach und kämpf! Es ist ein Feind bereit:/die Lüg' in dir, sie drohet dir Gefahr./Kind, Deutsche kämpften tapfer allezeit:/Du, deutsches Kind, sei tapfer, treu und wahr!«.

39. Im ersten Schuljahr (1910).

Das Auswendiglernen und Vortragen von Gedichten, auf das in Adornos Kindheit an den Schulen besonderen Wert gelegt wurde, fiel »Teddie« offenbar schon früh sehr leicht: »Adorno als Knäblein war dabei, als seine Mutter bei einem Wohltätigkeitskonzert sang. Weil er, wie er sagt, sich mit der Mutter völlig identifizierte, kletterte er nach dem Applaus aufs Podium, fing an, völlig unaufgefordert, Gedichte aufzusagen.« (Marie Luise Kaschnitz: Tagebuchnotiz, 1957).

Auf dem Lehrplan der Deutschherren-Mittelschule stand 1910 der Besuch einer »Samoanertruppe im Zoologischen Garten«. »Unsere neuen Landsleute aus Samoa« – seit 1899 deutsche Kolonie – führten dort unter anderem einen großen Kriegstanz auf, an den sich Adorno 1951 erinnerte: »Im Zoologischen Garten gab es nicht nur die Tiere, sondern einen Musikpavillon und gelegentlich Schaustellungen exotischer Stämme, von Samoanern und Senegalesen. Bis zu diesen drang jedoch aus dem weit entfernten Pavillon einzig die Kesselpauke. Sei es das Gedächtnis daran, sei es einzig die Verdichtung des Längstvergangenen – heute noch fällt mir zum Paukenschlag der Name des Häuptlings Tamasese ein und zugleich: Pauke werde eigentlich auf den Köpfen von dessen Gefangenen gespielt, oder sie sei der Mörser, darin die Wilden das Menschenfleisch abkochen.« (GS 16, S. 281).

40. »Gebrüder Marquardt's völkerschaftliche Schaustellung ›Die Samoaner‹. Dorfansicht. In der Mitte Fürst Tamasese«, 1910.

In jedem Schuljahr besuchten die Deutschherren-Schüler das Senckenberg-Museum, das seit 1907 im Lichthof »Skelette und Schädel vorweltlicher Wirbeltiere« zeigte, darunter Mastodon, Triceratops (»geschnäbelte und dreigehörnte Riesenechse«), Trachodon (»entenschnäbelige Riesenechse«) und Diplodocus longus (»18 m lange Riesenechse«).

Die vor »Jahrmillionen ausgestorbenen Urtier[e]« (GS 4, S. 130) behielten für Adorno ihre Faszination: nicht von ungefähr verwies er 1954 auf »den dreigehörnten Dinosaurier Triceratops, den letzten von allen« (GS 20/2, S. 549), und träumte sogar von ihm (ein unveröffentlichtes Traumprotokoll vom 16. Juni 1955 erwähnt Triceratops und Ankylosaurus). Selbst zu Kosenamen ließ er sich von den »prähistorische[n] Monstr[en]« (GS 20/2, S. 571) inspirieren: seine Frau Gretel und er nannten einander Mastodon und Trachodon.

41. Rekonstruktion des Dinosauriers »Diplodocus longus«
im Frankfurter Senckenberg-Museum, um 1910.

42. Blick von Sachsenhausen auf die »etwas monotonen, aber stattlichen Fassaden« der »Schönen Aussicht« (links), um 1905.

Adornos kurzer Heimweg zwischen 1910 und 1913: von der Deutschherren-Mittelschule ein paar Schritte den Deutschherrenkai entlang bis zur Obermainbrücke, über den Main, links an der Stadtbibliothek (»Schöne Aussicht« Nr. 2) vorbei, von der heute nur noch der Portikus steht, dann war er schon in ›seiner‹ Straße.

Auch das Sachsenhäuser Kaiser Wilhelms-Gymnasium, an das er 1913 überwechselte, war von der »Schönen Aussicht« aus zu Fuß gut erreichbar: wenn er über die Alte Mainbrücke lief, mußte er nur der Brückenstraße bis zum Diesterweg-Platz folgen, rechts in die Hedderichstraße einbiegen, dann stand er nach wenigen Gehminuten vor dem Schülereingang des »K.W.G.« (die Lehrer betraten die Schule von der Kaulbachstraße aus).

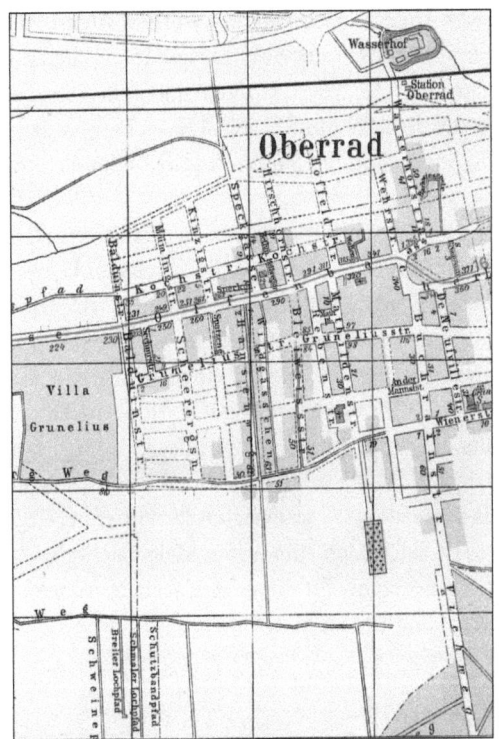

43. »Straßen-Plan« von Oberrad, 1910. In diesem sehr ländlich geprägten Stadtteil im Frankfurter Südosten kaufte Oscar Wiesengrund im Herbst 1914 ein kleines, um 1900 gebautes Reihenhaus in der Seeheimer Str. 19 – zwischen Offenbacher Landstraße und Gruneliusstraße –, das die Familie bis 1939 bewohnte.

Durch den Umzug nach Oberrad wurden Arbeitsweg des Vaters und Schulweg des Sohnes wesentlich länger. Oscar Wiesengrund fuhr jeden Morgen mit dem Fahrrad, mit dem er »bis in sein Alter hinein verwachsen« war (Franz Calvelli-Adorno), in die Stadt, »Teddie« nahm die Straßenbahn.

In einem Wagen der Linie 16 kam es eines Tages zu einem Zwischenfall: als sich »Teddie«, der bereits als Gymnasiast »mit einiger Freude« Fremdwörter benutzte, »in der Trambahn [...] auf dem Schulweg mit einem Kameraden harmlos unterhielt«, wurde er von einem Nachbarn aus der Seeheimer Str. 13 »wütend« angefahren: »Du verdammter Lausbub, hör auf mit deim Hochdeutsch und lern erst einmal richtig deutsch sprechen.« Der »Schreck«, den Herr Dreibus ihm »zufügte«, grub sich Adorno tief ins Gedächtnis ein. »Er hatte mich zum ersten Male gelehrt, was Rancune sei, eine Sache, für die es kein rechtes einheimisches Wort gibt [...].« (GS 11, S. 216f.).

44. Eine Straßenbahn der Linie 16 (Offenbach/Hauptbahn-
hof-Frankfurt), die Adorno zwischen 1914 und 1921 täglich benutzte, um vom Elternhaus in Oberrad zum Kaiser
Wilhelms-Gymnasium in Sachsenhausen zu fahren.

»Dem Kinde, das aus den Ferien heimkommt, liegt die Wohnung neu, frisch, festlich da. Aber nichts hat darin sich geändert, seit es sie verließ. Nur daß die Pflicht vergessen ward, an die jedes Möbel, jedes Fenster, jede Lampe sonst mahnt, stellt ihren sabbatischen Frieden wieder her, und für Minuten ist man im Einmaleins von Zimmern, Kammern und Korridor zu Hause, wie es ein ganzes Leben lang nur die Lüge behauptet.« (GS 4, S. 126f.).

Warum zogen die Wiesengrunds Mitte September 1914, anderthalb Monate nach Ausbruch des Ersten Weltkriegs, vom Zentrum an die Peripherie, in eine kleine Straße »am Rand der Obst- und Gemüsegärten, nicht weit vom Wald« (Franz Calvelli-Adorno)? Hing der Wohnungswechsel womöglich mit der in der Frankfurter Innenstadt gerade zu dieser Zeit stark verbreiteten Angst vor Luftangriffen zusammen, vor denen man sich in Oberrad sicher glaubte?

In dem »hübschen Häuschen« (Franz Calvelli-Adorno) lebten fünf Personen: »Teddie« mit seinen Eltern, Tante Agathe und »das Annachen«, das langjährige Dienstmädchen, dem nach seiner Heirat »ein sehr liebes, feines Mädchen aus Amorbach« folgte (Agathe Calvelli-Adorno). Im Erdgeschoß befanden sich die Küche sowie ein großes und ein kleines Wohnzimmer (an den Fenstern zur Straßenseite blieben nach dem Nazi-Pogrom 1938 tagsüber die Rolläden geschlossen). Den ersten Stock teilten sich die Wiesengrunds mit Agathe, die ein mit Biedermeiermöbeln »behaglich« eingerichtetes Erkerzimmer bewohnte. Neben dem Elternschlafzimmer und einem Bad (in dem der Vater sonntags Stunden zugebracht haben soll) gab es dort einen begehbaren Schrank. »Teddie« und »das Annachen« hatten ihre Zimmer im zweiten Obergeschoß.

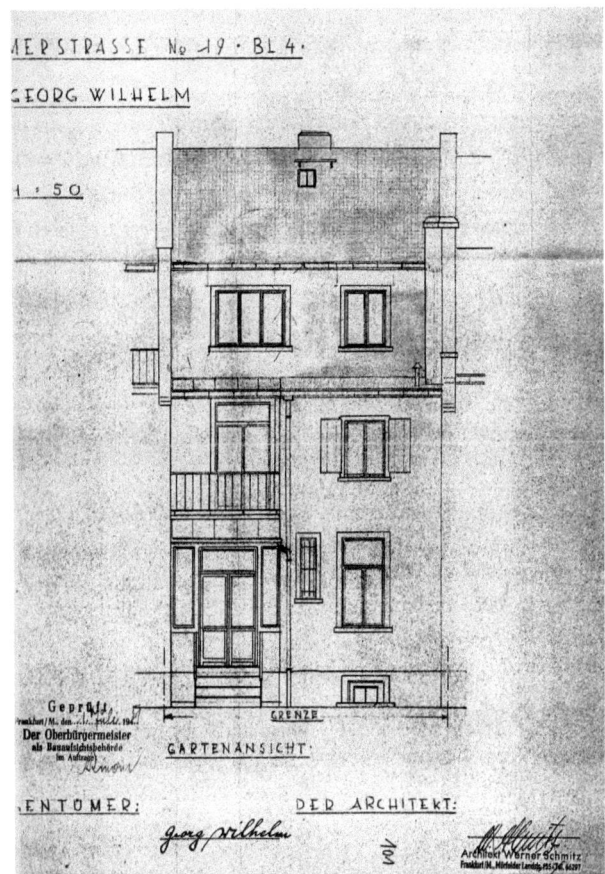

45. Gartenansicht des Hauses Seeheimer Str. 19 in Frank-
furt-Oberrad. Bauzeichnung, 1951. Das Gebäude wurde im
Zweiten Weltkrieg beschädigt und nach Plänen des Architekten Werner Schmitz renoviert.

In der Seeheimer Str. 19 herrsche ein »Weiberregiment«, erzählte man sich in Oberrad, und Agathe Calvelli-Adorno führe dabei das Kommando.

Vom »diktatorischen Charakter« seiner Tante weiß auch Franz Calvelli-Adorno zu berichten, dem sich Maria und Oscar Wiesengrund »weitgehend« untergeordnet hätten. »Dank Agathes großer Intelligenz, Marias mittelmeerischem Achselzucken und Oscars Weisheit ging das nicht schief; im Gegenteil: innere Verbundenheit wurde zu einer Art Harmonie.« In der weiteren Verwandtschaft hieß es, »sogar der Hund sage immer dasselbe wie Agathe und Maria«.

46. Agathe Calvelli-Adorno mit ihrem Schäferhund »Peter«.

Seit dem 4. April 1913 besuchte Adorno das »Königliche Sachsenhäuser Gymnasium i[n] E[ntstehung]« (ab 1917 »Kaiser Wilhelms-Gymnasium«).

»Ordinarius« der Sexta war Oberlehrer Dr. Karl Henkel (1883-1915), der sie in Französisch (6 Wochenstunden) und in »Deutsch und Geschichtserzählungen« unterrichtete (5 Wochenstunden). In der sechsten Klasse umfaßte »Teddies« Stundenplan außerdem 5 Stunden »Rechnen und Mathematik« und 2 Stunden Naturkunde (Oberlehrer Hermann Seis), 3 Stunden evangelische Religion (Lehrer: Reinhold Zickel), 2 Stunden Erdkunde, 2 Stunden Schreiben und 3 Stunden Turnen (die drei Fächer wurden von Zeichenlehrer Andreas Lappe unterrichtet) sowie 2 Stunden Singen bei Peter Weber, einem passionierten Bergsteiger, der den Spitznamen »Gletscherfloh« trug.

Im gedruckten Jahresbericht des Gymnasiums für das Schuljahr 1913/14 taucht der Sextaner Wiesengrund dreimal auf: demnach schenkte er der erdkundlichen Sammlung der Schule »zwei abessinische Gabeln« und der naturkundlichen Sammlung »Taschenkrebse und Seesterne« sowie »Versteinerungen«.

47. »Naturkunde«: Ein unbekanntes Schulheft Adornos
(vor 1917), von dem nur der Umschlag überliefert ist.
Im »Naturkunde«-Unterricht der Sexta bis Quarta (jeweils
2 Stunden wöchentlich) standen »Übungen im einfachen
schematischen Zeichnen« von Blütenpflanzen auf dem
Lehrplan.

Wie der ein Jahr jüngere Wolfgang Weyrauch, der seine ersten poetischen Versuche auf Schulveranstaltungen vortrug, wurde Adorno vor allem von dem trotz seines Jähzorns sehr beliebten Deutsch-Lehrer Reinhold Zickel (1885-1953) gefördert und geprägt (GS 20/2, S. 759: »[...] er hat [...] nachhaltig auf mich gewirkt«).

Mit seiner »Sprachbegabung« zog der Musterschüler Wiesengrund Neid und Mißgunst auf sich. Adorno hat von Mitschülern berichtet, die »keinen richtigen Satz zustande brachten, aber jeden von mir zu lang fanden«, und deren »Hallo kein Ende nahm, wenn der Primus versagte« (GS 4, S. 219).

48. Der Schriftsteller Wolfgang Weyrauch (1904-1980) als Schüler des »K.W.G.« mit einer Mütze, wie sie auch Adorno getragen haben dürfte (und deren Farbe je nach Klasse variierte: Sexta Blau, Quinta Hellgrün, Quarta Braun, Tertia Rot, Sekunda Dunkelgrün, Prima Weiß).

Dieses Lied – und andere, die er im Unterricht des »alte[n] scheußliche[n]« Musiklehrers Peter Weber (1862-1927) lernte – hat Adorno in seinem Singspiel »Der Schatz des Indianer-Joe« (1932/33) parodiert: »Im Wald, im schönen grünen Wald,/da ist es wunderschön,/da scheint die Sonne, da scheint der Mond/und wollen nicht untergehn.«

19. Im Wald

Andante — Alb. Becker 1834—1899

1. Im Wald, im Wald, im schö - nen, grü - nen Wald, wenn
2. Im Wald, im Wald, im schö - nen, grü - nen Wald, wenn
3. Im Wald, im Wald, im schö - nen, grü - nen Wald, wenn
4. Im Wald, im Wald, im nächt - lich dun - keln Wald weht

1. Mor - gen - son - nen - strah - len das Laub ver - gol - dend
2. heiß die Strah - len glü - hen, und dich zum Ra - sten
3. hoch - rot in den Zwei - gen sich A - bend - strah - len
4. ein ge - hei - mes Rau - schen, dem mußt du stil - le

1. ma - len, da weht ein Got - tes - hauch, o
2. zie - hen, dann fin - dest Kühl' und Ruh' im
3. nei - gen, er - he - be still dein Herz, schau
4. lau - schen, es ist der Got - tes - hauch: O

1. Wand' - rer, spür' ihn auch, o spür' ihn auch.
2. Wal - des - schat - ten du, im Schat - ten du!
3. dan - kend him - mel - wärts, schau him - mel - wärts!
4. Mensch, nun ru - he auch, nun ru - he auch.

Luise Becker

49. »Im Wald, im Wald, im schönen, grünen Wald«: Aus dem »Schulchorbuch für höhere Lehranstalten« (»Zweiter Teil für Quinta«, Berlin 1911), das am Kaiser Wilhelms-Gymnasium verwendet wurde.

Adornos Abiturzeugnis vom 2. März 1921 trägt die Unterschriften des Direktors Dr. Bieber und der Studienräte Wallenfels, Kolb, Silomon, Weber und Wenderoth. Die Noten:

Betragen: Sehr gut

Fleiß: Sehr gut

Religionslehre: befreit

Deutsch: Sehr gut

Latein: Gut

Griechisch: Gut

Französisch: Gut

Englisch: Gut

Geschichte und Erdkunde: Sehr gut

Mathematik: Genügend

Physik: Genügend

Handschrift: Genügend

Turnen: befreit

Singen: Sehr gut, mit dem Zusatz: »Er zeichnete sich durch besonders gute musikalische Begabung und vollkommene Treffsicherheit aus. Durch eifriges Klavierspiel, durch eingehende theoretische Studien und rege Beteiligung an den Chorübungen bekundete er außerordentliches Interesse für die Musik.«

50. Einige von Adornos Lehrern am »K.W.G.«, Ende der 20er Jahre.

Hintere Reihe von links: Heinrich Kolb (Spitzname »der Heiner«), fünfter von links: Gustav Wenderoth (»der Marabu«), siebter von links: Dr. Hans Silomon (»der Sipo«), Hermann Seis (»die Luna«), Adolf Siebert (»die Quetsch«). Vordere Reihe dritter von links: Direktor Dr. Ernst Bieber, Hermann Wallenfels (»die Kokosnuß« oder »der Mistkutscher«), Andreas Lappe.

Über Studienrat Seis schreibt Adorno 1925 in einem unveröffentlichten Brief an seinen Onkel Louis: »Dessen Glatze erscheint, abends manchmal, wie ein kleiner blasser Mond an meinem Träume-Horizont, wie es sich für eine rechte luna geziemt.« Und auch Dr. Bieber, der »würdige Schüler« mit Buchgeschenken auszeichnete, taucht noch 1960 in einem Traumprotokoll auf (GS 20/2, S. 579: »der Rektor verteilt [...] [Bücher] an die Kinner«).

51. Die Katharinenkirche an der Zeil, um 1900.

Bereits als Schüler war Adorno, der in dem Nazi-Pamphlet »Judentum und Musik« (³1938) als »Mischling« geschmäht wurde, antisemitischen Anfeindungen ausgesetzt. Obwohl er (zeitweise) am evangelischen Religionsunterricht teilnahm und sich geradezu demonstrativ in der Katharinenkirche konfirmieren ließ, galt »Teddie« Wiesengrund bei seinen Klassenkameraden als Jude.

rechts 52. Das Kaufhaus »Grand Bazar« an der Zeil, um 1910.

Jeden Advent, so erinnerte sich Adornos Mitschüler Franz Lerner (1903-1995) 1981, boten die Kaufhäuser an der Zeil »neue Überraschungen mit dem Aufbau ganzer Reihen von meist lebensgroßen Bildgruppen aus der deut-

schen Märchenwelt«, die sich auch »Teddie« angeschaut haben wird.

Für Adorno war der »Grand Bazar« »mit Gußeisenfront, darüber der grünen Kuppel«, Schauplatz einer Angstphantasie, die er 1929 mit einem in seiner Kindheit und Jugend populären antisemitischen Spottlied (»Hab'n Sie nicht den kleinen Cohn geseh'n?«) in Verbindung brachte: ein »Judenknabe« kommt »in der Menschenmenge [...] ins Gedränge, sie verschlingt ihn leibhaftig hinter den Riesenfenstern und beginnt ihn zu verdauen, während sie auf der Straße zusehen. Der zerquetschte Körper wird durch den einzigen Notausgang ausgeschieden. Nun denken Sie sich meinen Schreck, der Cohn ist weg, die wachsende Menge hat die Türen versperrt und ich bin das nächste Opfer.« (GS 18, S. 18f.).

»Daß der Teddy jüdisch war, wußten wir alle«, schreibt Erich Pfeiffer-Belli (1901-1989) in seiner 1986 erschienenen Autobiographie und bestätigt damit das hartnäckige Vorurteil, das Adorno bis zum Abitur anhaftete (und darüber hinaus: auch eine keifende Bemerkung wie die des späteren Nazi-Komponisten Hermann Heiss über »Wiesengrund-Adonis«, 1928 in einem Brief, kann als antisemitischer Seitenhieb interpretiert werden).

Aus seiner Zeit am »K.W.G.« erinnerte sich Pfeiffer-Belli an ein Vorkommnis, in dessen Mittelpunkt »der Teddy von 1916«, «der bewunderte, aber auch von vielen scheel angesehene Primus omnium der Schule«, stand: »Der mit noch jungen Bäumen am Rand bepflanzte Schulhof war schattenlos und staubig. In den Pausen wanderten die älteren Klassen unaufgefordert langsam im Kreis, während wir, die jüngeren, unsere lärmenden Spiele spielten. Teddy hatte ein paar vertraute Klassenkameraden, die ebenso wie er selbst nicht bemerkt hatten, daß irgendein Widersacher an Teddys Rücken einen Zettel angebracht hatte, auf dem groß ›Teddy‹ zu lesen stand. Im Handumdrehen zog ein ›Teddy‹ brüllender Haufen hinter dem Ahnungslosen her. Teddy war damals ein eher schmaler scheuer Bub, der das Ganze eigentlich nicht begriff.« Im Abstand von siebzig Jahren versuchte das einstige Mitglied des »Klubs der Harmlosen« den »Aufzug im Schulhof« zu bagatellisieren: er sei »keine antisemitische Demonstration« gewesen, sondern habe auf den »Einzigartigen« abgezielt, »der auch die Besten in jeder Klasse in den Schatten stellte; [...] ein Dummerjungenstreich, nicht mehr.«

Klub der Harmlosen!
1916

53. Die Obertertia des Kaiser Wilhelms-Gymnasiums, die sich »Klub der Harmlosen« nannte und mit dabei war, als Adorno auf dem Schulhof zum Gespött gemacht wurde (vordere Reihe links außen: Erich Pfeiffer-Belli). Die Aufnahme entstand am 17. März 1916.

Soviel bisher bekannt ist, zählten der theaterbegeisterte Hans Scholderer (1903-1977), Sohn eines Fabrikdirektors, und sein Freund Walter Großmann zu den Klassenkameraden, die sich mit »Teddie« gut verstanden.

Es gab aber auch Mitschüler, die für Adorno zum »Alp der Kindheit« (GS 4, S. 220) wurden. Einer, Sohn eines deutschnationalen Lehrers, traktierte jeden, den er für einen Juden hielt, mit gelegentlichen Fußtritten und Faustschlägen. Andere, unter ihnen zwei ebenfalls deutschnationale Lehrerssöhne, gingen subtiler vor. Sie »hänselten Tedchen Wiesengrund«, wie einer von ihnen um 1950 berichtet hat, und jagten ihm Angst ein, indem sie ihm zu mehreren auf dem Weg nach Hause auflauerten: dann rief einer auf pseudo-jiddisch »Grüß' mir den Vater Abraham!« (zu ergänzen: wenn du tot bist) und die anderen reihum »Von mir auch!«.

Es ist sehr wahrscheinlich, daß nach solchen Attacken, die ihn bis in seine Träume verfolgten, Mutter und (resolute) Tante den »zarten Knaben« bis zur Schule begleiteten und von ihr abholten, um dafür zu sorgen, »daß Teddie nichts zustoße« (Peter von Haselberg).

54. Fünf Klassenkameraden Adornos (von denen bisher nur einer identifiziert werden konnte: Hans Scholderer, links außen) mit einem ihrer Lehrer, um 1918 (?).

»Musik habe ich seit frühester Kindheit getrieben, spielte erst Geige bezw. Bratsche, später Klavier. Auch meine ersten Kompositionsversuche habe ich frühzeitig gemacht; Harmonielehre trieb ich autodidaktisch und kam 1919 zu Bernhard *Sekles* mit Liedern und Kammermusik.« (Theodor W. Adorno: Brief an Alban Berg. Frankfurt a. M., 5. Februar 1925).

Nicht anders als sein Cousin »wuchs« auch Adorno »unter allabendlichem Musizieren auf«. Seine beiden Mütter »sangen, wenn es nicht Schubert war, [...] sehr viel italienische Arien aus den großen Opern, oder ›Carmen‹, oder sie sangen französische, deutsche, italienische Chansons aller Art. Rossini, Bellini, Verdi gehören zu meinen frühesten musikalischen Erinnerungen [...].« (Franz Calvelli-Adorno). Und wie für »Fränzchen« war auch für »Teddie« die Geige das erste Instrument, das er unter der strengen Aufsicht von Tante Agathe erlernte. »Ihre Kritik an musikalischen ›Leistungen‹ war schonungslos heftig, auch an den meinen. Mit acht Jahren habe ich ein ganzes Jahr vor ihr nicht spielen wollen, bis sie mich durch Geschicklichkeit umstimmte. [...] Ein paar genaue Hinweise auf Betonungen, Gegensatzpartien und kleine rubati im 1. Satz einer Beethoven-Sonate – mir von ihr ohne viel Theorie vorgesungen – fallen mir noch heute ein, wenn ich sie spiele«, erinnerte sich Franz Calvelli-Adorno um 1980.

55. Agathe Calvelli-Adorno mit ihrem Neffen Franz (1897-1984), um 1903.

56. Adornos erste Klavierlehrerin Sanna Stoltze (1867-1965), eine Tochter des Frankfurter Lokalpoeten Adolf Stoltze. Bevor Adorno ab 1920 Klavierunterricht von Eduard Jung erhielt, wurde er von der Familienfreundin Sanna Stoltze, einer Schülerin Wilhelmine Pfitzners, unterwiesen. 1959 erinnerte er sich daran, wie er als Fünfzehnjähriger improvisierend auf dem Klavier »schwelgt[e] [...], rechts aneinandergereihte Akkordgriffe, Arpeggien in der Linken« (GS 16, S. 379).

57. Die Hände des berühmten Beethoven-Interpreten Eugen d'Albert (1864-1932), »stets noch des größten aller Pianisten« (GS 19, S. 314), dessen Frankfurter Klavierabende »Teddie« schon als Schüler besuchte. Das erklärte »Lieblingsstück« des Kindes »war lange das Adagio« aus Beethovens Klaviersonate f-moll op. 2, 1 (NaS I/1, S. 21).

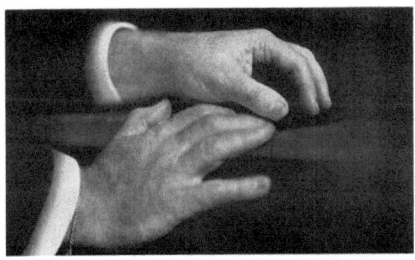

58. Blechdose für »Hochfeine Herold-Zukunft-Nadeln«.
Die Wiesengrunds besaßen bereits sehr früh ein Grammophon, das seine Wirkung auf »Teddie« nicht verfehlte: das
»Kindergefühl vor der Butterfly im Grammophon« – vermutlich eine Aufnahme mit Nellie Melba und Enrico
Caruso – war ihm noch Jahre später präsent (GS 16, S.
269).

59. Louis Calvelli-Adorno (1866-1960), um 1920. Mit seinem Sohn Franz besuchte Adornos Onkel beinahe »jede Woche« die Familie seiner Schwestern in Oberrad: »gute, witzige Gespräche, viele anregende Gäste, märchenhaftes Essen (dank Tante Agathes sublimer Kochkunst), die guten Weine aus Oscars Keller und vor allem: Musik in jeder Form. Die Tanten bewahrten ihre Stimmen und ihr Können fast bis ins Alter.« (Franz Calvelli-Adorno).

Bei solchen Zusammenkünften wurde besonders das Vierhändigspielen - etwa der Symphonien Bruckners und Mahlers - gepflegt, ein fester Bestandteil des »häusliche[n] Leben[s]«, solange sich »Teddie« überhaupt zurückerinnern konnte (GS 17, S. 303).

Agathe Calvelli-Adorno »sang nicht nur große dramatische Musik unvergleichlich; einfache Lieder, Chansons mit Esprit, lyrische Zyklen Schumanns und Schuberts« blieben ihrem Neffen Franz unvergeßlich.

Viele der Kompositionen, »die wir aus der frühen Kindheit mit uns führen« (GS 17, S. 45), hat »Teddie« mit seinen beiden Müttern intensiv durchgearbeitet und in Hauskonzerten aufgeführt. In Adornos Schriften haben sie unverkennbar Spuren hinterlassen, nicht zuletzt in einer ganzen Reihe von Titeln und Anspielungen der »Minima Moralia« (1951). Zum Beispiel zitiert der Titel des Aphorismus Nr. 118: »Hinunter und immer weiter« das zweite Lied in Schuberts »Schöner Müllerin« op. 25 (GS 4, S. 208; eine weitere Anspielung auf die »Schöne Müllerin« findet sich in GS 4, S. 189). Und der Titel des Aphorismus Nr. 59: »Seit ich ihn gesehen« ist ein wörtliches Zitat aus Schumanns Liederzyklus »Frauenliebe und -leben« (op. 42, 1; der Titel des Aphorismus Nr. 103: »Heideknabe« bezieht sich im übrigen auf Schumanns »Ballade vom Heideknaben« op. 122, 1). »Kleine Schmerzen, große Lieder« (GS 4, S. 244) spielt auf einen Heine-Vers an (»Aus meinen großen Schmerzen/Mach ich die kleinen Lieder«), dessen Vertonung durch Robert Franz ebenfalls im Repertoire der Adorno-Schwestern enthalten gewesen sein dürfte.

60. »Dort im ruhigen Tal schweigen Schmerzen und Qual«:
Ausschnitt aus dem zweiten der Beethoven-Lieder »An die
ferne Geliebte« op. 98, die Agathe Calvelli-Adorno mit
»Teddie« als Klavierbegleiter einstudierte.

»Über Mangel an musikalischen Einfällen kann ich mich nicht beklagen«, schreibt Adorno am 19. Juli 1918 aus Neuweilnau an seinen Cousin Franz: sein Skizzenbuch fülle sich mit Entwürfen »zu Liedern und Klavierstücken«, doch »das Ausarbeiten will mir hier nicht recht gelingen«. Es fehle ihm »an innerer Ruhe und Sammlung« und liege nicht etwa daran, daß ihm »im Hotel [...] kein Klavier zur Verfügung steht«. »So z.B. wollte ich heute ein Thema [...] zu einem Klavierstück ausarbeiten, und brachte nichts zu Wege.« (In späteren Jahren war das anders, etwa 1928, als er die Osterfeiertage »schön und ruhig« in Neuweilnau verbrachte und komponierte.)

Wenn sie ausnahmsweise einmal nicht nach Amorbach, ihrem bevorzugten »Sommer-Aufenthalt« (Maria Wiesengrund), fuhr, machte Adornos Familie seit seiner frühen Kindheit Urlaub im »geliebten Neuweilnau/Taunus« (Oscar Wiesengrund). »Die Natur hier ist oft überwältigend schön, manchmal sogar direkt großartig!« (Agathe Calvelli-Adorno 1918).

Ihr Stammquartier war das Hotel von Adam und Helene Eckstein, in dem »alles verkehrte, was in Frankfurt Rang und Namen hatte« (Walter Scheffer). Den »lieben, goldigen« Wirtsleuten trauerte besonders Adornos Tante nach, als sie 1911 ihre Pension an die Familie Scheffer verkauften: »Was waren und sind das famose Menschen!« (Der Hotelbesitzer Eckstein, den Adorno als Kind »gern hatte«, taucht 1966 in der »Negativen Dialektik« auf: GS 6, S. 359.)

61. Das »Kurhaus Schöne Aussicht« (links) in Neuweilnau im Taunus (heute Ortsteil von Weilrod bei Bad Camberg), Feriendomizil der Familie Wiesengrund-Adorno.

»Die Gegend hier hat – das sehe ich alles erst jetzt so recht – ihren ganz eigenen Reiz, ihren Stil, möchte ich sagen, der sich von dem Amorbacher wesentlich unterscheidet.« (Aus einem bisher unbekannten Brief »Teddie« Wiesengrunds an Franz Calvelli-Adorno. Neuweilnau, 19. Juli 1918).

In der »Schönen Aussicht« herrschte vor allem an Wochenenden Hochbetrieb. Dann kamen scharenweise Ausflügler mit der Bahn von Frankfurt und mit der Kutsche aus dem nahen Camberg zum Kaffeetrinken (Adorno erwähnt den Namen des Taunusstädtchens, den er »seit meiner Kindheit nicht mehr gehört hatte«, in einem Brief an die Eltern vom 7. April 1945).

3. »Adornobach«:
Das Kindheitsparadies im Odenwald

»Die Damen schäkerten gern mit ihm, und er hörte ihren Gesprächen zu [...]. So lebte der Knabe Teddy elegant in den Tag hinein [...].«

(Thomas Mann: »Der Zauberberg«, 1924)

Adorno 1966 in der »Negativen Dialektik«:

»Was metaphysische Erfahrung sei, wird, wer es verschmäht, diese auf angeblich religiöse Urerlebnisse abzuziehen, am ehesten wie Proust sich vergegenwärtigen, an dem Glück etwa, das Namen von Dörfern verheißen wie Otterbach, Watterbach, Reuenthal, Monbrunn. Man glaubt, wenn man hingeht, so wäre man in dem Erfüllten, als ob es wäre. Ist man wirklich dort, so weicht das Versprochene zurück wie der Regenbogen. Dennoch ist man nicht enttäuscht; eher fühlt man, nun wäre man zu nah, und darum sähe man es nicht.« (GS 6, S. 366).

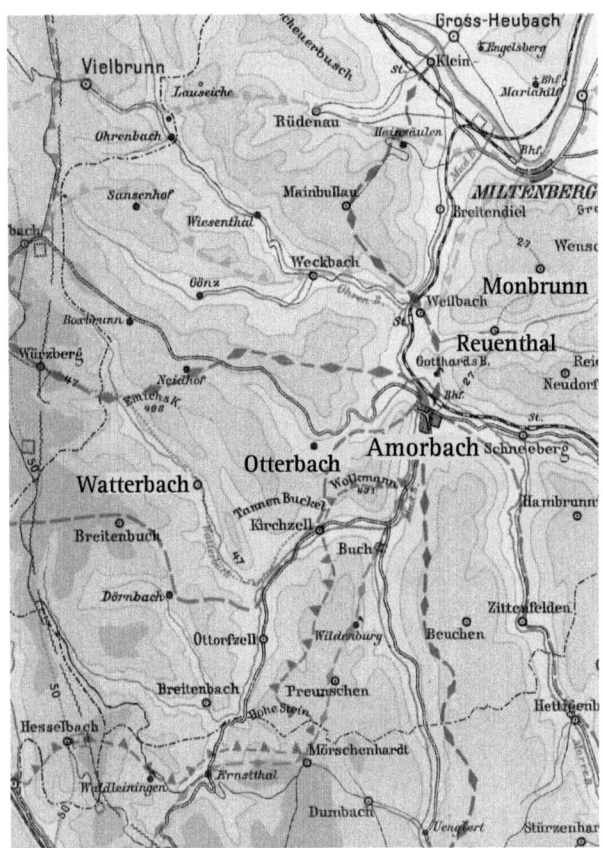

62. Amorbach und seine Nachbarorte Watterbach, Otterbach, Reuenthal, Monbrunn. Ausschnitt aus einer vom
Odenwald-Klub herausgegebenen »Karte mit Erläute-
rung der farbig bezeichneten Touristenwege« (Darmstadt
12. Auflage 1913).

»Dabei ist der Unterschied zwischen Landschaften und Gegenden, welche über die Bilderwelt einer Kindheit entscheiden, vermutlich gar nicht so groß. Was Proust an Illiers aufging, ward ähnlich vielen Kindern der gleichen gesellschaftlichen Schicht an anderen Orten zuteil. Aber damit dies Allgemeine, das Authentische an Prousts Darstellung, sich bildet, muß man hingerissen sein an dem einen Ort, ohne aufs Allgemeine zu schielen. Dem Kind ist selbstverständlich, daß, was es an seinem Lieblingsstädtchen entzückt, nur dort, ganz allein und nirgends sonst zu finden sei; es irrt, aber sein Irrtum stiftet das Modell der Erfahrung, eines Begriffs, welcher endlich der der Sache selbst wäre, nicht das Armselige von den Sachen Abgezogene.« (GS 6, S. 366).

63. Adornos »Lieblingsstädtchen« Amorbach um 1910: Links vorn der Bahnhof, links hinten der Konventbau, in der Bildmitte die (protestantische) Abteikirche, rechts die katholische St. Gangolf-Stadtpfarrkirche.

»Amorbach, [...] einst Sitz einer berühmten Benediktinerabtei, jetzt Residenz des Fürsten von Leiningen. Die Bevölkerung (2339 meist kath. Einw.) treibt Ackerbau – auch Wein gedeiht an den Abhängen der Höhen – und Industrie. Tuchfabriken, Gerbereien, Ziegelhütten, Mahl- und Schneidemühlen [...]. Die geschützte Lage Amorbachs sowie die Reize seiner Umgebung locken alljährlich Touristen und Sommerfrischler in großer Menge an.« (Aus einem Reiseführer von 1911).

»Amorbach [...] gehört unbestritten zu den lieblichsten Punkten des Odenwaldes und wird von Fremden um so lieber besucht, als gute Gasthäuser auch für treffliche leibliche Verpflegung sorgen. Ein freundlicher Wiesengrund umschließt den [...] Ort; waldbedeckte Höhen umgeben ihn schirmend und bewirken auffallende Milde des Klimas.« (»Der Odenwald und seine Nachbargebiete. Eine Landes- und Volkskunde«, herausgegeben von Georg Volk. Stuttgart 1900).

Nach Inbetriebnahme der Bahnlinie Miltenberg – Amorbach (1880) entdeckten immer mehr »Sommerfrischler« und Touristen die idyllische Kleinstadt. Die einen schätzten ihre »Stille und Abgeschiedenheit«, die »winkligen Gassen und heimeligen Häuser« (Richard Krebs), die anderen kamen wegen der gesunden Luft (»von würziger Frische«) und suchten »Ausspannung« (Agathe Calvelli-Adorno) in der Natur – für Adornos Tante zeit ihres Lebens »die beste Zuflucht«, wie sie 1933 in einem Brief aus Amorbach schrieb.

Ein eigens gegründeter »Verschönerungsverein Amorbach«, zu dessen führenden Mitgliedern der von Adorno erwähnte Fürstlich Leiningensche Hofgärtner Carl Keusch zählte (S. 20), bemühte sich, die Umgebung des Städtchens »durch Anlegung und Instandhaltung von bequemen, schattigen Spazierwegen, durch Aufstellung von Ruhebänken, durch Anbringung von Wegweisern u.s.w. dem reisenden Publikum« zu erschließen. Doch nicht jedem erschien Amorbach so »unbeschreiblich schön« (Maria Wiesengrund) wie der Familie Adornos: »Alles ist so klein, eng und nah beisammen«, notierte 1925 ein Besucher.

64. »Alt-Amorbach« mit der katholischen Pfarrkirche St. Gangolf. Diese Ansichtskarte schickten »Maria, Agathe und Teddie« am 4. Oktober 1915 an Louis Calvelli-Adorno und seine Frau (»Schade, daß Ihr nicht hier seid.«).

In den ›goldenen Jahren‹ des Amorbacher Fremdenverkehrs nach 1900 gab es eine erstaunliche Zahl von Hotels und Restaurants unterschiedlichen Rangs. Während Karl Vogler seinen »Badischen Hof« als »vornehmstes Haus am Platze« anpries, in dem Prominente wie der Nobelpreisträger Max Planck regelmäßig abstiegen, empfahl sich beispielsweise das bescheidenere »Gasthaus zum Schützenhof« Gruppen und Gesellschaften auf Tagesausflügen mit »mäßigen Preisen« und einem »Saal für Vereine«, in dem auch erste »kinematographische Vorführungen« stattfanden.

Der »Engel«, eines der ältesten Gasthäuser in Amorbach (urkundlich nachweisbar seit 1610), warb damit, eine eigene Metzgerei und den größten und »schönsten Garten im Orte« zu haben. Hier ließ es sich nicht nur die Familie Wiesengrund-Adorno schmecken: beim »Engel«-Wirt Nikolaus Deufel (1867-1935) traf sich ein Stammtisch, der sich »Himmelreich« nannte und das »Ia. Bier« eines Braumeisters namens Hölle trank.

Nach dem Zweiten Weltkrieg wurde der »Engel« von einem neuen Pächter übernommen: »er heißt Judas. Nicht erfunden. Herr Judas, aus Wien.« (Theodor W. Adorno: Brief an seine Mutter. Amorbach, 24. September 1950). Ferdinand Judas (1899-1966) stammte aus dem Egerland und war in Wien in die Lehre gegangen.

65. »Gasthaus zum Engel« in Amorbach, Sommer 1907.

Die Beziehungen zwischen der »Post«, die sich seit 1742 im Besitz der Familie Spoerer befindet, und der Familie Wiesengrund-Adorno reichen bis ins 19. Jahrhundert zurück.

»Ueber 30 Jahre«, heißt es in einer kleinen Meldung, die 1928 aus Anlaß von Agathe Calvelli-Adornos sechzigstem Geburtstag in der Miltenberger Zeitung »Bote vom Untermain« erschien, bewiesen sie und ihre Schwester Maria »schon ihre treue Anhänglichkeit« an den Odenwald und »Zufriedenheit« mit der »Post« durch »den regelmäßigen Aufenthalt« in Amorbach, ob zu »Frühlingsanfang als die ersten Kurgäste«, im Sommer oder im »späten Herbst«. (Möglicherweise kannte Maria Calvelli-Adorno die »liebe, vertraute Gegend« – so ihr Bruder Louis am 31. Mai 1931 auf einer Ansichtskarte aus Amorbach an seinen Sohn Franz – bereits vor ihrer Heirat.)

Die Geschäftsverbindung mit der Firma Bernhard Wiesengrund dürfte ungefähr aus derselben Zeit datieren. Einer mündlichen Auskunft Karl Spoerers (geb. 1915) zufolge soll bereits sein Großvater Carl (1842-1909) offene und Flaschenweine »bis zu den edelsten Spitzen« (Firmenwerbung) von der Frankfurter Weingroßhandlung bezogen haben. Schriftliche Zeugnisse existieren offenbar nicht mehr.

1905 ging die »Post« von Carl an Heinrich Spoerer (1879-1916) über, der das Haus (16 Zimmer mit 24 Betten) »der Neuzeit entsprechend« umbauen ließ (»Elektr. Licht. Waschtische mit fließendem Wasser«, »Bäder«, »Auto-Garage«).

66. »Gasthof zur Post«, 1905. Im Erdgeschoß links das
Gastzimmer, rechts – hinter den Butzenscheiben – ein »alt-
deutsches Zimmer«. Preise um 1905: Zimmer mit Früh-
stück 2 Mark, Table d'hôte 1,70 Mark.

67. Blick in das »altdeutsche Zimmer« der »Post« (mit Billardtisch).

Amorbach,

herrlicher, ruhiger Aufenthalt
für Sommerfrischler,

Luftkurort.

Hotel und Pension

ZUR POST

Besitzer: Heinr. Spoerer.
Telephon Nr. 10.

Hohe luftige Zimmer.
Elektr. Licht in allen Räumen.
═══ BÄDER. ═══
vorzügl. abwechslungsreiche Küche.
Offene und Flaschenweine.
Ernsttaler Exportbier.
Altdeutsche Weinstube.
Unterkunftshalle für Automobile.
Hausbursche bei allen Zügen am Bahnhof.

68. Werbung für das »neuzeitlich« eingerichtete »Hotel und Pension zur Post« und seine »vorzügl[iche] abwechslungsreiche Küche«, 1906.

Adornos Lieblingsspeise war Rehbraten in Rahmsoße (GS 4, S. 54: »In der Erinnerung der Emigration schmeckt jeder deutsche Rehbraten, als wäre er vom Freischütz erlegt worden«), später Forelle.

69. Blick in das Zimmer Nr. 3 im ersten Stock – das soge-
nannte »Fürstenzimmer« –, in dem »Teddie«, seine Mutter
und seine Tante stets logierten. Foto, um 1910.

»Teddiechen ist einfach herzig, der Liebling des ganzen Hauses und wird furchtbar von allen verwöhnt«, schreibt Agathe Calvelli-Adorno am 29. Juni 1905 aus der »Post« an »Fränzchen« (Franz), den damals sieben Jahre alten Sohn ihres Bruders Louis in Frankfurt am Main.

Und weiter: »Aber bei der Fronleichnamsprocession hättest Du ihn erst sehen sollen! Das war aber auch hier einzig in seiner Art, so schön, wie ich es noch nie gesehen habe. [...] Unter strahlend blauem Himmel, voran [...] die Musikkapelle, welche einen rührend einfachen Choral wundervoll innig [...] bliesen [...] – und dann kam das Wundervollste! Eine nicht endenwollende Reihe kleiner, weißgekleideter herziger Mädchen, die aussahen, wie lauter Engelchen, Blumenkränzchen in dem Lockenköpfchen, ein Blumenkörbchen umgehängt, aus welchem sie Blumen streuten, dem lieben Jesulein zu Ehren – auch Teddiechen streute Rosen auf die Straße [...]. [...] Teddiechen ging mit seiner Mutter mit – das Kindchen war ganz außer sich vor Entzücken und verhielt sich mäuschenstill, nur manchmal versuchte er mitzusingen und als die kleinen Mädchen kamen sagte er ein über das andermal ganz zart und hoch: Ach, *wie* reizend! Ach, *wie* reizend! [...] Tante Maria hat mitgesungen und Teddiechen versuchte sich neben sie zu knien und blieb in gebückter Stellung bis Maria ihn aufnahm.«

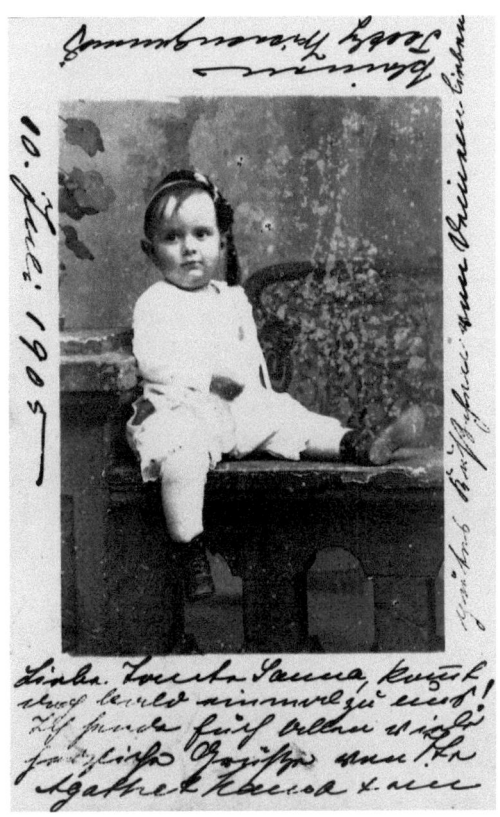

70. Adorno im Sommer 1905. Mit einem »gute[n] Küßchen von Deinem lieben kleinen Teddy Wiesengrund« schickten Agathe Calvelli-Adorno und Maria Wiesengrund dieses Foto an Sanna Stoltze, unter deren Anleitung er später seine ersten »Klimperversuche« machte.

71. Prozession in Amorbach, um 1900: Ministranten (mit der Nachbildung eines »Osterlamms«), Blasmusik, Kinder, Priester und Gemeindemitglieder an einem »Weißen Sonntag« auf dem Weg in die katholische St. Gangolf-Pfarrkirche, um die Erstkommunion zu feiern.

72. Spieluhr des Johann Adam Sachs aus Rippberg (bei Amorbach) mit dem Bild der Amorbacher Abteikirche, die früher im Gastzimmer der »Post« hing. »Wenn die Zeiger der Turmuhr eine bestimmte Stunde anzeigen, ertönt Glockengeläute. Gleichzeitig öffnet sich die Tür des Hauses links im Bild, und langsam kommen ein Dutzend frommer Amorbacher hervor, die am Vordergrund des Bildes entlang zur Abteikirche pilgern. Das Portal des Gotteshauses tut sich auf, und die gläubige Gemeinde verschwindet im Innern des Marienmünsters.« (Rudolf Vierengel).

Diese Spieluhr hatte es Adorno als Kind »angetan«, wie Karl und Emmy Spoerer (geb. 1916) von ihrer Mutter Hilde erfuhren. Immer und immer wieder »mußte sie Teddy vorgespielt werden«.

Aus den Frankfurter Stammgästen wurden im Laufe der Jahre Freunde der Hoteliersfamilie Spoerer. Dies belegen unter anderem zwei Briefe, mit denen Agathe Calvelli-Adorno und ihre Schwester der »lieben, armen Hilde« zum Tod ihres in Rußland gefallenen Mannes kondolierten. Am 27. Juli 1916 schreibt »A. C.-A.« (so der gedruckte Briefkopf) aus dem Hotel Bären in Hornberg/Schwarzwald an Hilde Spoerer (1890-1972): »Auf einer Schwarzwald-wanderung erreicht uns hier die fürchterliche, erschütternde Nachricht! Dein Heinrich, unser lieber Freund auch ein Opfer dieses entsetzlichen Vernichtungskampfes! Wir sind ganz fassungslos – ich kann es gar nicht glauben – [...] Man möchte sich in die Erde verkriechen. – Ich weiß, meine liebe Hilde, Trostworte verhallen in leerer Luft, bei solch' einem schweren Unglück – nur die Zeit kann heilen und helfen – aber Du sollst wissen, daß wir mit unserem ganzen Fühlen bei Dir sind und Deinen Schmerz teilen. [...] vergiß nicht, daß Du in uns treue Freunde hast [...].« Auch Maria Wiesengrund und ihr Mann Oscar, der am 26. Juli 1916 »wieder hinaus« an die Front mußte, nahmen »innigen Antheil« am Verlust »unseres unersetzlichen Freundes«.

73. Sommer 1913: »Teddie« (fünfter von links) mit Mutter (links neben ihm) und Tante (hinter ihm) vor dem Hotel »Post«; rechts außen der Hotelier Heinrich Spoerer, in der Mitte hinten dessen Frau Hilde.

74. Ein unbekanntes Kinderbild (Erstveröffentlichung): »Teddie« in kurzen Hosen und mit Hütchen (dritter von links), rechts neben ihm Agathe Calvelli-Adorno, rechts außen Ludwig Spoerer, Bruder des »Post«-Inhabers Heinrich Spoerer und ab 1919 dessen Nachfolger, vorher »langjähriger gräflich Erbachscher Hofkoch«, vermutlich Sommer 1913.

75. Das »Hotel Post« mit neuer Fassade, 1913.

Nach dem Tod seines Vaters ließ Heinrich Spoerer dessen Initialen an der Hauswand (»C.S.«) durch seine eigenen (»H.S.«) ersetzen und gab bei dem Künstler Max Rossmann ein »Freskogemälde« in Auftrag. 1923, vier Jahre nachdem Ludwig Spoerer (1882-1950) seine verwitwete Schwägerin Hilde geheiratet hatte, wurde die Fassade durch den Maler Oskar Martin erneut verändert.

Wo immer die Wiesengrunds und Agathe Calvelli-Adorno ihre Ferien verbrachten, absolvierten sie ein ausgedehntes »Wanderprogramm« (Oscar Wiesengrund): »In Amorbach war's wundervoll. Wir [...] machten große Wege«, schreibt Agathe Calvelli-Adorno am 7. Mai 1930 an ihren Neffen Franz. Und am 3. Oktober 1930 aus dem Hotel »Post«, ebenfalls an Franz Calvelli-Adorno: »Wir sind den ganzen Tag auf den Höhen in den stillen, prächtig gefärbten Wäldern, ein tiefblauer, wunderbarer Himmel über uns – es wird uns oft ganz feierlich und andächtig zu Mute. ›Da draußen, stets betrogen, saust die geschäft'ge Welt.‹« Das Zitat stammt aus Mendelssohns Eichendorff-Vertonung »Abschied vom Walde«: »O Täler weit, o Höhen ...«. »Ich erinnere mich deutlich«, schreibt Adorno rückblickend, »wie peinlich es mir war, wenn meine Mutter und deren Schwester – beide Sängerinnen von Beruf – etwa auf Bitten meines Vaters im Wald« dieses Lied »anstimmten« (GS 14, S. 81).

76. »Ju-hu-u-u!«: Maria und Oscar Wiesengrund als ›frohe Wandersleute‹ (Foto-Karte aus Trient an Heinrich und Lucie Herber in Frankfurt a.M., 8. September 1913).

Wiederholt hat sich Adorno in seinen musikalischen Schriften an Wanderungen durch den Odenwald erinnert: so verglich er etwa 1965 in einem Rundfunkvortrag eine »schöne Stelle« in Bruckners Siebter Symphonie mit »jenem rückschauenden Blick auf ferne Dörfer, der weiß, dort müsse das ganze Glück seine Stätte haben, auch wenn es nie dort ist, wenn man hingelangt« (GS 18, S. 713), und assoziierte in seinem Buch über Gustav Mahler (1960) zu einer Passage in dessen Vierter Symphonie das »Glück des Kindes, das jählings aus dem Wald durchs Schnatterloch auf dem altertümlichen Miltenberger Marktplatz sich findet« (GS 13, S. 204; Bilder des Schnatterlochs und des Miltenberger Marktplatzes unten S. 196f.).

77. Ein Sehnsuchtsort: Watterbach im »schönsten Wiesen-grund« (heute Ortsteil von Kirchzell), um 1910.

In ihrer »zweiten Heimat« erhielten »die Amorbacher« (Agathe Calvelli-Adorno) häufig Besuche von Bekannten und Verwandten: während der Herbstferien 1913 kamen zwei befreundete Lehrer-Ehepaare von Frankfurt herunter, in anderen Jahren oft, übers Wochenende, Louis Calvelli-Adorno und seine Frau.

Else Herzberger (1877-1962), die Ende Mai 1911 einen (ersten?) Abstecher nach Amorbach machte (und später mit eigenem Auto und Chauffeur vorfuhr), war mit den Geschwistern Calvelli-Adorno seit ihrer Jugend eng befreundet. Sie wurde in Mainz geboren und lebte von 1905 bis 1935, wenn sie nicht auf Reisen war, in Neunkirchen/ Saar, wo ihr Bruder Alfons (1879-1941) das »Kaufhaus Josef Levy Witwe« leitete. Adorno hat der reichen »Privatiere« seine frühesten erhaltenen Kompositionen (1918) gewidmet und in den »Minima Moralia« (1951) ein Denkmal gesetzt: »Dem, zu dessen Eltern Logierbesuch kommt, schlägt das Herz mit größerer Erwartung als je vor Weihnachten. Sie gilt nicht Geschenken, sondern dem verwandelten Leben. Das Parfüm, das die eingeladene Dame auf die Kommode stellt, während er beim Auspacken zusehen darf, hat den Duft, der der Erinnerung gleicht, schon wenn er ihn zum ersten Mal atmet. Die Koffer mit den Schildern vom Suvrettahaus und von Madonna di Campiglio sind Truhen, in denen die Edelsteine Aladins und Ali Babas, eingehüllt in kostbare Gewebe, die Kimonos des Logierbesuchs, aus den Karawansereien der Schweiz und Südtirols in Schlafwagensänften herbeigeschleppt werden zur gesättigten Betrachtung. Und wie im Märchen Feen zu Kindern reden, so redet der Besuch ernsthaft, ohne Herablassung zum Kinde des Hauses.« (GS 4, S. 201f.).

78. »Es besuchten [...] Bibliothek, Kreuzgang u.s.w.«: Eigenhändige Eintragungen von Else Herzberger (25. Mai 1911), Agathe Calvelli-Adorno, Elise Schwab, Lucie Herber, Maria Wiesengrund, Karl Schwab und Heinrich Herber (2. Oktober 1913) im »Fremdenbuch« der Amorbacher Hauptsehenswürdigkeiten.

79. Der Bibliothekssaal im nördlichen Pavillon des Konventbaus, um 1910.

80. Der Kreuzgang der Abteikirche »mit vielen schönen Skulpturresten«, um 1910.

Zum Dämmerschoppen kehrten Adornos Mutter und Tante »nahezu jeden Tag« (Hilde Neugebauer) mit »Teddie« bei den Burkarths ein, drei ledigen Schwestern – Maria (1875-1955), »Lenchen« (1877-1956) und Anna (1881-1955) –, die gemeinsam mit ihrem Bruder Paul (1879-1937) eine 1803 gegründete Brauerei und ein Speiselokal besaßen. (Die Gewohnheit, einen Schlaftrunk in dem »Dreimäderlhaus« zu nehmen, behielt Adorno bis zuletzt bei.)

Hilde Neugebauer (geb. Burkarth, Jahrgang 1921), die schon als junges Mädchen ihren Tanten beim Ausschank des frischgezapften Exportbieres helfen mußte, erinnert sich, daß eine der weißhaarigen Damen – vermutlich Agathe Calvelli-Adorno – ihr einmal einen Elfenbeinkamm schenkte. Sie besitzt außerdem eine Ansichtskarte, die »Agathe Adorno« und »Maria Wiesengrund-Adorno« den »lieben Freundinnen« am 20. Juni 1927 aus München schickten: »In Amorbach ist's doch schöner! Viele herzliche Grüße und auf frohes Wiedersehen im Herbst«. Es dürfte nicht die einzige Karte gewesen sein.

Zur Brauerei Burkarth gehörte ein Biergarten mit Felsenkeller am Fuß des Beuchener Bergs, der im Sommer an Wochenenden und Feiertagen geöffnet war und in dem die Amorbacher die alljährliche Fronleichnamsprozession ausklingen ließen: »Dort ging's [...] riesig lustig her – Teddiechen war selig vor Entzücken! Tanzmusik, formlos fröhliche Menschen, wundervolles Wetter!« (Agathe Calvelli-Adorno an ihren Neffen Franz. Amorbach, 29. Juni 1905).

81. Das Gasthaus »Bierbrauerei Moritz Burkarth« am Markt-
platz in Amorbach, um 1910. »Ihr Bier ist besser als je und
Gretels ganzes Entzücken. [...] die Burkarth-Zeit ist das
Dämmerschöppchen.« (Theodor W. Adorno über die »drei
Burkarths« in einem Brief an seine Mutter. Amorbach,
24. September 1950).

82. Die Familie des Weinhändlers beim Biertrinken: Maria
und Oscar Wiesengrund mit Agathe Calvelli-Adorno und
Collie »Donna« im Foto-Atelier, 1901.

83. »Die beiden Damen im Silberhaar sind bei jung und alt
in Amorbach bekannt« (Lokalblatt »Bote vom Untermain«,
1928): Maria Wiesengrund, Agathe Calvelli-Adorno und
»Teddie«, vermutlich 1915/16.

Sehr häufig waren die Adorno-Schwestern im Café Stang zu Gast, das Wilhelm Stang (1873-1943) von seinem Vater Joseph (1835-1916) übernommen hatte. Er wurde in München zum Konditor ausgebildet und besuchte, sooft er konnte, die Vorstellungen des Theaters am Gärtnerplatz ganz in seiner Nähe. Nachdem er nach Amorbach zurückgekehrt war, machte er sich als Torten- und Lebkuchenbäcker einen Namen und gab im Café häufig Arien und Couplets aus den Singspielen und Volksstücken seiner Jugend zum besten. Seit den 30er Jahren führte Stangs ehemaliger Lehrling Rudolf Grimm das Geschäft weiter.

Conditorei − Café Jos. Stang

84. »Conditorei − Café Jos. Stang«, Innenansicht, nach 1916. »Beim Stang schmeckt es auch ihr gut.« (Theodor W. Adorno über seine Frau Gretel im Brief an die Mutter vom 24. September 1950).

Für die Fahrt nach Amorbach suchte vermutlich der Vater aus »Storms Kursbuch fürs Reich«, das er auf seinen zahlreichen Geschäftsreisen benutzte, eine bequeme Bahnverbindung heraus, bei der die Familie Wiesengrund-Adorno nicht schon im knapp 23 Kilometer nahen Hanau wieder umsteigen mußte.

Im Sommer 1914 bot sich dafür etwa der (relativ) schnelle und komfortable D-Zug 160 Frankfurt – Wien der Preußischen Staatsbahn (mit Anschluß nach Marienbad und Karlsbad) an, der den Hauptbahnhof um 8 Uhr 29 verließ und mit einem einzigen kurzen Halt in Hanau nach Aschaffenburg fuhr, wo er planmäßig um 9 Uhr 17 eintraf. In Aschaffenburg mußte man den Zug wechseln und hatte reichlich Gelegenheit, sich die Beine zu vertreten. Denn von dort ging es erst um 11 Uhr 10 nach Miltenberg weiter – Zeit genug also, um ein wenig durch das »bayerische Nizza« zu schlendern und vielleicht vom oberen Stockwerk des Pompejanums, der »Nachbildung eines [...] in Unteritalien aus dem Schutte der Lava ausgegrabenen altrömischen Wohnhauses«, die »wunderbare Fernsicht ins Maintal, in den Spessart und Odenwald« zu genießen.

Der Zug Nr. 511 um 11 Uhr 10 ab Aschaffenburg erreichte Miltenberg um 12 Uhr 18, wo man ein weiteres Mal umsteigen mußte und »Teddie« am Bücher-Automaten des Bahnhofs für zwei Groschen pro Heft seine Ferienlektüre ergänzen konnte. Weiterfahrt in Miltenberg um 12 Uhr 46, Ankunft in Amorbach um 13 Uhr 09 in »Erwartung des leichten gelben Wägelchens an der Bahnhofsperre« (GS 18, S. 14), das die Reisenden mit ihrem Gepäck zum Hotel »Post« brachte. Nach gut viereinhalb Stunden war man endlich am Ziel.

85. Streckenverlauf der Bahnlinie Frankfurt a. M. – Aschaffenburg – Miltenberg – Amorbach. Ausschnitt aus einer Karte in einem Reiseführer von 1914.

Eines der »Reclambändchen«, die Adorno sich am Bücher-Automaten in Miltenberg zog (S. 21), war Karl Müllers Übertragung der »Lebensbeschreibung des Ritters Götz von Berlichingen« ins Neuhochdeutsche (Universal-Bibliothek Nr. 1556), ein anderes wohl Goethes »Götz«, den er ebenfalls in Amorbach gelesen haben dürfte (S. 23: »Adelheid von Weislingen [...], eine meiner frühesten Geliebten aus Büchern«).

Unterwegs durch die »Sommerfrischenwälder« (GS 17, S. 223) rings um Amorbach, begegnete »Teddie« auf Schritt und Tritt Überbleibseln des Bauernkriegs, wie er ihn in der Autobiographie des Ritters »mit der eisernen Hand« beschrieben fand. Von Amorbach aus, wo Götz von Berlichingen eine Zeitlang sein Quartier aufgeschlagen hatte, zogen die Aufständischen 1525 zum Nonnenkloster auf dem Gotthardsberg und zur Wildenburg wenige Kilometer südlich und steckten sie in Brand. Beide Ruinen, »vom Wald umrauscht und umschattet«, wurden nach 1900 zu Anziehungspunkten für »Sommerfrischler« und Touristen.

86. Werbung für die Bücher-Automaten des Reclam-Ver-
lags, 1912. »Eine Wohltat für alle Reisenden bedeutet der
Reclam-Bücher-Automat auf den Bahnhöfen. Die lang-
weilige Wartezeit auf den Zug-Anschluß vergeht wie im
Fluge bei spannender Unterhaltungslektüre, die dieser
stumme Buchhändler dem Käufer zur freien, unbeeinfluß-
ten Wahl in stets wechselnder reicher Auslese bietet.« (Re-
klametext).

87. Der 433 Meter hohe »Wolkmann« bei Amorbach, um 1910.

»Wolkmann: ein Berg, der Bild seines Namens ist, freundlich übriggebliebener Riese. Nun ruht er lange, breit gestreckt über dem Städtchen, das er von den Wolken grüßt.« (S. 15).

88. Seitenportal der Klosterruine auf dem Gotthardsberg, »nördlich von Amorbach 125 m über dem Tal«, um 1910. Von dem 1878 dort errichteten Aussichtsturm hat man »Einblick in sieben Täler« des bayerischen Odenwalds.

»Gotthard: der kleinste Gipfel in der Umgebung trägt den Namen des mächtigsten Massivs der Zentralalpen, als möchte er das Kind sacht an den Umgang mit dem Gebirge gewöhnen. Um keinen Preis hätte es sich ausreden lassen, daß ein geheimer unterirdischer Gang von einer Höhle der Klosterruine St. Gotthard in den Amorbacher Konvents-bau hinabführt.« (S. 15).

89. Mittelpavillon des Konventbaus, um 1910.
»Der war bis zur napoleonischen Säkularisierung eine Benediktinerabtei, niedrig, außergewöhnlich lang, mit grünen Läden, angeschmiegt an die Abteikirche. Ihm fehlt, außer den Eingängen, jede energische Gliederung. Dennoch erfuhr ich daran zum erstenmal, was Architektur sei.« (S. 15).

90. Der Seegarten mit dem Konventbau im Hintergrund (links), Ansichtskarte, um 1910.

»Die Vedute, auf die er offenbar angelegt war, eine Stelle im Seegarten, kunstvoll hinter einer Baumgruppe versteckt an dem von Karpfen bevölkerten, sympathisch riechenden Weiher, gibt einen kleinen, überschaubaren Abschnitt des Klosters frei. Stets noch stellt an dem Teil die Schönheit wieder sich her, nach deren Grund ich vorm Ganzen vergeblich frage.« (S. 15).

91. Blick in die Amorbacher Hauptstraße (heute: Löhr-
straße), um 1913. Die Schmiede im übernächsten Haus
rechts neben der »Post« existierte bis zum Beginn des
Zweiten Weltkriegs.

*»In der Hauptstraße, um die Ecke der geliebten Post, be-
fand sich eine offene Schmiede mit grell loderndem Feuer.«*
(S. 16).

»Echo des längst Vergangenen«: der Arbeitslärm, der aus der Werkstatt des Schmiedemeisters August Kurz (1866-1941) zu ihm drang, erschien Adorno wie ein Nachhall der Hammerschläge Siegfrieds im »Ring des Nibelungen« von Richard Wagner.

Wenn in der Hauptstraße Pferde beschlagen, Wagenräder mit Eisenreifen versehen oder Wildschweine gesengt wurden, schauten dabei oft Kinder zu und durften den großen Blasebalg ziehen. Unter ihnen werden gelegentlich auch »Teddie« Wiesengrund und der Ingenieurssohn Willy Hartner (1905-1981) gewesen sein, den Adorno 1949 als Professor in Frankfurt wiedertraf und der ihn »noch von der Kindheit her aus Amorbach« kannte.

Der Amboß und die Gerätschaften aus der Kurz'schen Schmiede wurden Mitte Februar 2003 vom Autor bei Recherchen für dieses Buch in Amorbacher Privatbesitz wiederentdeckt.

92. Schmiedemeister August Kurz (dritter von rechts, mit
Arbeitsschürze) vor seinem Haus in der Hauptstraße No.
167 (heute Löhrstr. 3), um 1900. Die Werkstatt »mit grell
loderndem Feuer« befand sich im Erdgeschoß rechts, links
ging es in den Wohnbereich.
*Jeden Morgen ganz früh weckten mich die dröhnenden
Schläge. Nie habe ich ihnen deshalb gezürnt. Sie brachten
mir das Echo des längst Vergangenen.« (S. 16).*

93. Zittenfelden im Morretal (heute Ortsteil von Schneeberg), um 1910. Bei Zittenfelden, im Amorbacher Stadtwald, »sprudelt« eine Quelle, »deren Wasser einige Meter
hoch über Felsen herabstürzt« und um die sich eine Sage
ähnlich »der von Siegfried« rankt (Theodor Lorentzen: »Der
Odenwald in Wort und Bild«. Stuttgart 2. Auflage 1905).
»In Amorbach ragt die Vorwelt Siegfrieds, der nach einer
Version an der Zittenfelder Quelle tief im waldigen Tal soll
erschlagen worden sein, in die Bilderwelt der Kindheit.«
(S. 16).

94. Die Heunesäulen bei Mainbullau (heute Stadtteil von Miltenberg), um 1900. »Es sind dies große Sandsteinmonolithen bis zu 8 m Länge und 1 1/2 m Dicke, die Spuren menschlicher Bearbeitung, wahrscheinlich aus römischer Zeit, zeigen.« (Aus einem Reiseführer von 1911).

»Die Heunesäulen unterhalb von Mainbullau datieren, so wenigstens wurde mir damals erzählt, auf die Völkerwanderung zurück, nach den Hunnen benannt. Das wäre schöner, als wenn sie aus früherer namenloser Zeit stammten.« (S. 16).

95. Die Hochseil-Fähre bei Großheubach (im Hintergrund auf der Anhöhe das Franziskanerkloster Engel[s]berg mit der Wallfahrtskirche St. Michael), um 1910.

»Die Fähre über den Main, die man benutzen muß, wenn man hinauf will aufs Kloster Engelberg [...]. Keine einfachere und nüchternere Möglichkeit, ans andere Ufer zu gelangen, als das Fahrzeug, von dem Hagen den Kaplan in die Donau warf, der als einziger vom Nibelungenzug gerettet wurde. Die Schönheit des Zweckmäßigen hat rückwirkende Kraft. Die Laute der Fähre über dem Wasser, denen man schweigend nachhorcht, sind so beredt, weil sie vor Jahrtausenden nicht anders waren.« (S. 16).

96. Aus dem Gästebuch des Hotels »Post«: Eigenhändige Eintragung Siegfried Wagners, 1. September 1913. »Komponist Siegfried Wagner, der Sohn des großen Meisters« blieb nur einen Tag, wie die Amorbacher am 4. September 1913 in der Zeitung lesen konnten.

»Tatsächlich kam ich mit der Sphäre Richard Wagners in Amorbach in Berührung.« (S. 16).

Der Maler Max Rossmann (1861-1926) »entwarf und schneiderte«, durch Hans Thoma an Cosima Wagner empfohlen, 1901 die Kostüme für den »Fliegenden Holländer« in Bayreuth und war mit dem Bariton Anton van Rooy (1870-1932) »gelegentlich dessen großartiger Gestaltung des Holländers [...] in herzliche kameradschaftliche Beziehung getreten« (so Cosima Wagners ehemaliger Schwiegersohn Henry Thode).

Seit 1903 in Amorbach ansässig, heiratete Rossmann 1907 seine dort geborene Schülerin Lilly Fehler (1873-1951) und mietete 1909 für 200 Mark jährlich das ehemalige Fürstlich Leiningensche Hoftheater am Schloßplatz, das als Atelier und Wohnung genutzt wurde.

Rossmanns Feste in der »Post«, bei denen der – von der Firma Wiesengrund gelieferte – Champagner in Strömen floß, waren legendär.

97. Max und Lilly Rossmann in ihrem Atelier, um 1918.
»Dort hatte, in einem Anbau an den Konvent, der Maler Max Rossmann sein Atelier; oft waren wir auf der Terrasse nachmittags bei ihm zum Kaffee. Rossmann hatte Dekorationen für Bayreuth gefertigt. Der eigentliche Wiederentdecker von Amorbach, brachte er Sänger des Festspielensembles dorthin. Etwas von dem üppigen Lebensstil mit Kaviar und Champagner teilte sich der Post mit, deren Küche und Keller übertrafen, was man von einem ländlichen Gasthof hätte erwarten dürfen.« (S. 16 f.).

98. Max Rossmann: Der »Ökonomiehof« in Amorbach (undatiertes Ölgemälde). Links der Anbau zum Konvent, in dem der Maler und seine Frau lebten und arbeiteten. Das Ehepaar hinterließ eine Vielzahl von Amorbacher Ansichten, Max Rossmanns Staffelei befindet sich heute im Besitz der Amorbacher Buchhandlung Hermann Emig.

99. Der niederländische Bariton Anton van Rooy galt um 1900 als der bedeutendste Wagner-Interpret seines Stimmfachs. 1899 trat er in Bayreuth als Hans Sachs auf, 1903 sang er in der New Yorker Erstaufführung des »Parsifal« den Amfortas.

»An einen der Sänger erinnere ich mich genau. Obwohl ich nicht älter als zehn Jahre kann gewesen sein, ließ er sich gern in Gespräche mit mir ein, als er meine Passion für Musik und Theater bemerkte. Unverdrossen berichtete er dem Knirps von seinen Triumphen, zumal dem in der Rolle des Amfortas; die erste Silbe sprach er eigentümlich gedehnt aus, er muß wohl ein Holländer gewesen sein.« (S. 17).

»Eine musikalische Folge aus den ›Meistersingern‹, die sie in der Soiree bei der Prinzessin von A. gehört hatte, besaß die eigene Kraft, ihr Herrn von Laléande mit der höchsten Deutlichkeit hervorzuzaubern (›Dem Vogel, der heut sang, dem war der Schnabel hold gewachsen‹). Ohne es zu wollen, hatte sie daraus ein richtiges Leitmotiv für Herrn von Laléande gemacht, und als sie es einmal in Trouville im Konzert hörte, brach sie in Tränen aus. Von Zeit zu Zeit [...] schloß sie sich in ihr Zimmer ein, wohin sie sich das Klavier hatte bringen lassen, sie begann diese Melodie zu spielen, schloß die Augen, um ihn besser zu sehen –, das war der einzige Rausch der Freude, dem ein entzaubertes Ende folgen mußte, das Opium, ohne das sie nicht leben konnte.«

Prousts Erstlingswerk las Adorno in einer französischen Ausgabe von 1924, die sich in seiner Nachlaßbibliothek erhalten hat. Wie darin die Titelfigur der Erzählung »Trauriger Landaufenthalt der Madame Breyves« den »Fliedermonolog« des Hans Sachs in Wagners »Meistersingern« (Zweiter Aufzug, Szene 3) nicht hören kann, ohne an ihren Angebeteten zu denken, waren für ihn »die berühmten Takte vom Vogel, der da sang« (GS 14, S. 367) mit Amorbach konnotiert.

Vermutlich kannte Adorno auch Max Brods Roman »Stefan Rott oder Das Jahr der Entscheidung« (1931), in dem »Sachsens Anrede an den Flieder« (Ernst Bloch), die er »mit vorher nie geahntem Entzücken« hört, den Protagonisten zu einer »Philosophie der schönen Stellen« inspiriert.

Verfügung stand, die gesellschaftliche Macht, die ihr bei
einer Rückkehr nach Paris ein vertrautes Zusammensein mit
Herrn von Laléande leicht ermöglichen konnte? Sie versuchte, ihre eigenen Empfindungen von sich zu scheiden und
sie anzusehen wie einen fremden Gegenstand, den man prüft,
und sagte zu sich: „Ich weiß, daß er mittelmäßig ist, und
wußte es immer. Das ist mein Urteil über ihn, und es gibt
keine andere Möglichkeit. Wohl ist seitdem alles ins Kreisen
geraten, aber nichts kann dieses Urteil trüben. Mag es wenig sein, so ist es doch nur dies Wenige, wofür ich lebe.
Ich lebe für Jacques de Laléande.“ Kaum hatte sie seinen
Namen ausgesprochen, als sie, durch eine diesmal unbe-
wußte Gedankenverbindung und ohne Analyse, ihn vor sich
sah, und in ihrem Innern empfand sie so viel Glück und
so viel Leid, daß ihr bewußt wurde, daß die Kleinheit seiner
Persönlichkeit kaum etwas ausmachte. Denn er war es, der
die Saiten des Leids und der tiefsten Freude in ihr tönen
ließ, während alles andere stumm war. Und mochte sie immer noch denken, daß bei näherem Sichkennenlernen all dies
verblassen mußte, so gab sie doch dieser Luftspiegelung die
ganze Wirklichkeit ihres Schmerzes und ihrer Wollust. Eine
musikalische Folge aus den „Meistersingern“, die sie in der
Soiree bei der Prinzessin von A. gehört hatte, besaß die
eigene Kraft, ihr Herrn von Laléande mit der höchsten Deutlichkeit hervorzuzaubern („Dem Vogel, der heut sang, dem
war der Schnabel hold gewachsen“). Ohne es zu wollen,
hatte sie daraus ein richtiges Leitmotiv für Herrn von
Laléande gemacht, und als sie es einmal in Trouville im
Konzert hörte, brach sie in Tränen aus. Von Zeit zu Zeit,
nicht allzu oft, um sich nicht abzustumpfen, schloß sie sich

* 119 *

100. »Dem Vogel, der heut sang, dem war der Schnabel
hold gewachsen«: eine »schöne Stelle« in Marcel Prousts
Erstlingswerk »Les plaisirs et les jours« (1896) in der deutschen Übersetzung durch Ernst Weiß (»Tage der Freuden«,
Berlin 1926).
»Auf jene Tage geht zurück, daß ich die Meistersinger-
Takte ›Dem Vogel, der da sang, dem war der Schnabel hold
gewachsen‹, Rossmanns Lieblingsstelle, als Amorbach emp-
finde.« (S. 17).

101. Max Rossmann: Konfurter Mühle (undatiertes Ölgemälde, das Gretel Adorno nach dem Tod ihres Mannes seiner Freundin Jutta Burger schenkte). Die Konfurter Mühle ist ein Gehöft bei Babenhausen (Hessen).

»Ein Bild Rossmanns, die ›Konfurter Mühle‹, unvollendet und auf bedeutende Weise zerrüttet, riß mich hin. Meine Mutter schenkte es mir, ehe ich Deutschland verließ. Es hat mich nach Amerika und zurück begleitet.« (S. 17).

102. Kopfsteinpflaster auf dem Marktplatz in Amorbach, um 1910.
»Trieb ich halbwüchsig allein durch das Städtchen im tiefen Abend, so hörte ich auf dem Kopfsteinpflaster die eigenen Schritte nachhallen.« (S. 17).

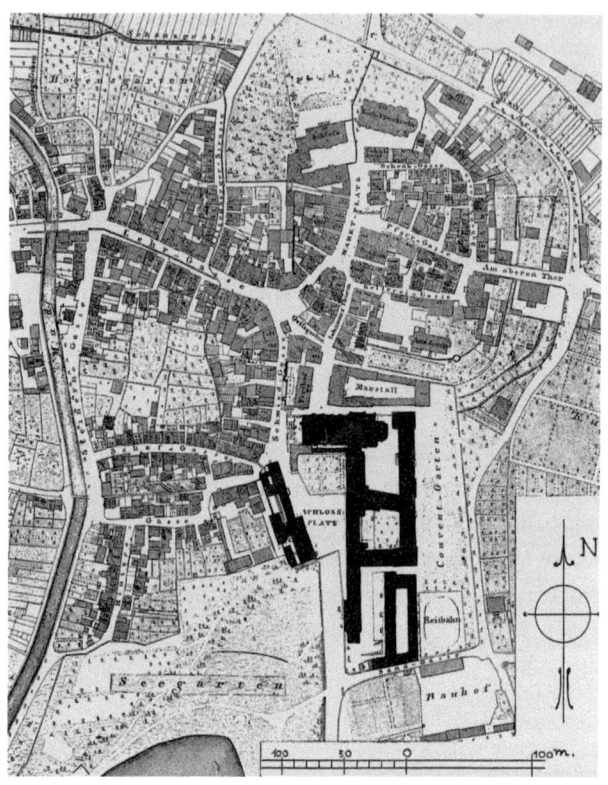

103. Amorbach, »Lageplan nach dem Katasterblatt«, um 1910. Die erste Glühbirne brannte im Sommer 1902 in der Tuchfabrik und Spinnerei der Brüder Keßler, vom Frühjahr 1903 an wurde das ganze Städtchen mit Strom versorgt.

104. Blick vom Wolkmann auf Amorbach, um 1910.
*»Jene Amorbacher Dämmerung [...], da ich als kleines Kind
von einer Bank auf der halben Höhe des Wolkmann zu sehen glaubte, wie gleichzeitig in allen Häusern das soeben
eingeführte elektrische Licht aufblitzte, nahm jeden Schock
vorweg, der nachmals dem Vertriebenen in Amerika widerfuhr. So gut hatte mein Städtchen mich behütet, daß es
mich noch auf das ihm gänzlich Entgegengesetzte vorbereitete.«* (S. 18).

Der badische Weiler Ernsttal (heute Ortsteil von Mudau), »in einem von den schönsten Waldungen umschlossenen Talkessel in wohltuender Einsamkeit gelegen«, war ein beliebtes Ausflugsziel der Amorbacher Sommergäste. »Großartig angelegte fürstl. Leiningen'sche Brauerei mit großem Gasthofe [...]. Vortreffliches Bier und ausgezeichnete Restauration. Die Kelleranlagen sind sehenswert.« (Aus einem Reiseführer von 1906).

Auf dem Weg dorthin bereitete es »Teddie« Wiesengrund großen »Spaß«, an der Grenze hinter dem bayerischen Weiler Ottorfszell (heute Ortsteil von Kirchzell) »zwischen den Grenzpfählen [...] sich herumzutreiben, als hegten sie ein Reich der Freiheit ein« (GS 11, S. 292). In seiner Frankfurter Vorlesung zur Einleitung in die Erkenntnistheorie erinnerte sich Adorno am 16. Januar 1958 an das »Niemandsland [...] zwischen den [..] Grenzpfählen«, jenen »kleinen Zwischenraum [...], in dem ich mich als Kind mit Vorliebe getummelt habe in dem Glauben, dort ein schlechterdings unbesetztes Gebiet anzutreffen, zu dessen König ich mich aufwerfen könnte« (ein weiterer Hinweis auf diese »Zone« findet sich in der »Negativen Dialektik«: GS 6, S. 374).

105. Bayerisch-badische Grenzpfähle zwischen Ottorfszell und Ernsttal, um 1926.

»Zwischen Ottorfszell und Ernsttal verlief die bayerische und badische Grenze. Sie war an der Landstraße durch Pfähle markiert, die stattliche Wappen trugen und in den Landesfarben spiralig bemalt waren, weiß-blau der eine, der andere, wenn mein Gedächtnis mich nicht trügt, rot-gelb.« (S. 19).

106. Blick auf die Mühle in Reuenthal (heute Ortsteil von Weilbach).

»Reuenthal, ein sanftes Taldorf abseits vom Gotthard, angeblich die Heimat Neidhards [...].« (S. 20).

»[...] wenn man als Kind in Ferien ist und Namen wie Monbrunn, Reuenthal, Hambrunn liest oder hört, dann hat man das Gefühl dabei: wenn man dort wäre, an diesem Ort, da wäre es. Dieses ›es‹, – was das ›es‹ ist, ist außerordentlich schwer zu sagen; man wird, [...] darin den Spuren Prousts folgend, wohl am ehesten sagen können, daß es das Glück sei. Wenn man dann an einen solchen Ort hingelangt, dann ist es dort auch nicht, dann hat man es nicht. Sehr oft sind das dann ganz törichte Dörfer. Und wenn in ihnen überhaupt noch eine Stalltür offen ist und es nach einer lebendigen und wirklichen Kuh und Mist und ähnlichen Dingen riecht, woran wohl auch diese Erfahrung haftet, dann muß man schon sehr dankbar heutzutage sein.« (Adorno am 29. Juli 1965 in seiner Frankfurter Vorlesung über Begriffe und Probleme der Metaphysik [NaS IV/14, S. 218f.]).

107. Das »stets noch einsame Monbrunn« (heute Stadtteil von Miltenberg).

»Aber das Merkwürdige ist, daß, auch wenn es dort nicht ist, also wenn man keineswegs in Monbrunn jene Erfüllung findet, die in diesem Namen aufgespeichert ist, daß man dann trotzdem nicht enttäuscht ist. Wenn ich es richtig interpretiere, dann deshalb, weil [...] man gleichsam zu nah ist, weil man drin ist, und weil man das Gefühl hat: wenn man ganz in diesen Phänomenen drin ist, dann kann man sie eigentlich gar nicht gewahren.« (Ebd.).

108. Das Schnatterloch in Miltenberg, um 1910.
»[...] ein Tor, das man der Kälte der waldigen Örtlichkeit wegen Schnatterloch nennt« (S. 20).

109. Der Marktplatz in Miltenberg mit dem Schnatter-
lochsturm, um 1910.

*»Durchschreitet man es, so ist man plötzlich, ruckhaft
ohne Übergang wie in Träumen, auf dem schönsten mittelalterlichen Marktplatz.«* (S. 20).

110. Hermann Grab (1903-1949), später Schriftsteller und Musikpädagoge, mit dem Adorno seit 1924 befreundet war und der ihn mehrmals im Odenwald besuchte. »In Amorbach feierten wir den Geburtstag meiner Mutter, 2 Tage später kam mein Prager Freund Hermann Grab (der Schüler von Zemlinsky ist) dorthin; wir haben unendlich musiziert, philosophiert, er suchte mich auf seine jüdische Weise zum Katholizismus zu konvertieren, aber die Theologie hinderte uns nicht, den strahlend schönen Herbst zu genießen [...]. Ich halte ihn für einen ganz besonderen Menschen [...].« (Theodor W. Adorno: Brief an Alban Berg. Frankfurt a.M., 15. Oktober 1925). Auch Adornos Freund Siegfried Kracauer war verschiedentlich in Amorbach zu Gast.

111. Steinerne Löwen am Eingang des Löwensteinschen Schloßparks bei Kleinheubach.

»Im Frühjahr 1926 saßen Hermann Grab und ich im Löwensteinschen Park bei Klein-Heubach. Mein Freund stand damals unter dem Einfluß Max Schelers und sprach enthusiastisch vom Feudalismus, der Schloß und Anlagen derart aufeinander abzustimmen vermochte. Im gleichen Augenblick erschien eine Aufsichtsperson, die uns rauh verscheuchte: ›Die Bänke sind für die fürstlichen Herrschaften reserviert.‹« (S. 20).

Die Gitarre, mit der der »Post«-Wirt Heinrich Spoerer (auf dem Foto hinten, dritter von rechts) hin und wieder von Tisch zu Tisch ging und seinen Gästen aufspielte, wurde bei Max Rossmanns Trinkgelagen offenbar arg in Mitleidenschaft gezogen.

Der schräge Klang des beschädigten Instruments blieb Adorno im Ohr; bei der Lektüre der Schlußverse von Georg Trakls Gedicht »In den Nachmittag geflüstert« (1912) kam er ihm wieder in den Sinn: »Dämmerung voll Ruh und Wein, / Traurige Guitarren rinnen. / Und zur milden Lampe drinnen / Kehrst du wie im Traume ein.«

Um die fehlenden Saiten ergänzt, befindet sich die Gitarre noch heute im Besitz der Familie Spoerer, verstimmt wie eh und jeh.

112. Schrammelmusik mit Max Rossmann (vorn, zweiter von rechts) vor der »Post«: Links Heinrich Spoerers Gitarre, auf und unter dem Tisch vermutlich Flaschen aus dem Sortiment der Weingroßhandlung Wiesengrund. Die Aufnahme entstand am 20. Mai 1907.

»Neben dem Pianino mit dem Mozart-Medaillon hing im Gastzimmer der Post eine Gitarre. Ihr fehlten ein oder zwei Saiten, die restlichen waren sehr verstimmt. Ich konnte nicht Gitarre spielen, aber riß mit einem Griff alle Saiten zugleich an und ließ sie vibrieren, berauscht von der dunklen Dissonanz, wohl der ersten so vieltönigen, an die ich geriet, Jahre ehe ich eine Note von Schönberg kannte. Ich fühlte den Wunsch: so müßte man komponieren, wie diese Gitarre klingt.« (S. 21).

113. Blick in das Gastzimmer der »Post«: dort stand in einer Nische das (nicht erhaltene) Pianino, vermutlich ein Instrument der Klaviermanufaktur Steingraeber & Söhne in Bayreuth, auf dem auch Adorno gelegentlich spielte. Pianinos »mit dem Kopfe des jungen Mozart« (Otto Julius Bierbaum) waren um die Jahrhundertwende sehr beliebt.

114. Das »Hotel Post« mit der Abteikirche, dem Wahrzeichen von Amorbach, 1913.

Wenige Kilometer südöstlich von Amorbach, in dem Weiler Hambrunn (heute ein Ortsteil von Schneeberg), bewirtschaftete Valentin Ballweg (1878-1958) einen Bauernhof, den seine Vorfahren von einer Familie Herkert übernommen hatten, bevor diese nach Amerika auswanderte. Seither wurden (und werden) die Ballwegs »Herkerts« oder »Herkert-Bauern« genannt. Valentin Ballweg handelte mit Ochsen und besaß einige – noch heute existierende – Nußbäume, deren Ertrag er zum Teil in Amorbach verkaufte.

Doch nicht nur ihn konnte »Teddie« bestaunen, wenn er in der »Post« einkehrte: auch der Amorbacher »Säuhirt«, der die Schweine hütete und mit Signalhorn und Peitsche durch das Städtchen trieb, kam regelmäßig dorthin, um ein Viertel Wein zu trinken.

»Was alles in der Gegend, an Leuten und Dingen, aus dem sechzehnten Jahrhundert noch vorhanden war, ließ mich gar nicht zum Gedanken kommen, wie lange es schon zurücklag; räumliche Nähe wurde zur zeitlichen.« (S. 21 f.).

115. Der »Herkert-Bauer« Valentin Ballweg vor seinem Hof in Hambrunn (zweiter von rechts, mit dem von Adorno erwähnten Oberlippenbart, in ordentlicher Kleidung für den Fotografen strammstehend).

»Nicht selten kam in die Post, vormittags um elf, ein Mann, halb Bauer, halb Händler, aus Hambrunn, [...] mit Bärtchen und wilder Kleidung [...]. In seinem Schultersack [...] hatte Herkert frische Nüsse in ihren grünen äußeren Schalen. Die wurden gekauft und für mich geschält. Ihren Geschmack behielten sie das Leben hindurch [...].« (S. 21).

116. Max Rossmann: Ziegeldach-Veranda seines Ateliers mit Blick auf die Schloßmühle. Foto eines verschollenen Gemäldes (undatiert).

»Auf der Rossmannschen Terrasse vernahm ich eines Nachmittags, vom Platz vor der Schloßmühle her, wüst grölenden Gesang.« (S. 22).

117. Aschaffenburger »Wandervögel« unterwegs im Odenwald, um 1910.

*»Ich erblickte [...] ganz junge Burschen, unziemlich verklei-
det, es sollte malerisch sein. Mir wurde erklärt, das seien
Wandervögel, ohne dass ich mir darunter etwas Rechtes
hätte vorstellen können.«* (S. 22).

fein, du follft mein ei - gen fein.

2. Ich hört ein Vöglein pfeifen, das pfeift die ganze Nacht, vom Abend bis zum Morgen, bis daß der Tag anbrach. Schließ du dein Herz wohl in das mein, fchließ eins ins andre hinein, daraus foll wachfen ein Blümelein, das heißt Vergiß nicht mein. —

3. Ich bin noch jung an Jahren, kann auch fchon traurig fein, ich hab fchon viel erfahren, muß auch Soldat jetzt fein. — Wir müffen ziehn wohl in das Feld, bekommen ein Säbel und kein Geld, für Burfchen ift dies ein harter Schluß, für die Mädchen viel Verdruß.

4. In meines Vaters Garten, da ftehn zwei Bäumelein, das eine trägt die Reben, das andere den Wein. Schließ du dein Herz wohl in das mein, fchließ eins ins andre hinein, daraus foll wachfen ein Blümelein, das heißt Vergiß nicht mein.

1. Wenn ich auf A - mor-bach geh, fetz ich mein Hütl in die Höh. Wie ich 'n Stück auf - fi kumm fchau ich mich um und um, feh ich mein Schätz - le da ftehn, wie ein brauns Näg-lein fo fchön.

2. Schätzle, wie meinft du's mit mir, meinft du, daß ich dich vexier? Meinft du, daß ich mich bekränk oder ins Waffer verfenk? Lieget die Schuld nicht an dir, weil du fo umgehft mit mir.

3. Schätzle, laß die Trotzen nur fein, trotzen, das fteht dir nicht fein; freundlich bift erft geweft, mit mir aufs allerbeft. Aber drei Wochen nachher redft du kein Wörtle nit mehr.

118. »Wenn ich au[s] Amorbach geh, setz ich mein Hütl in die Höh...«: Aus dem »Zupfgeigenhansl«, dem berühmtesten aller Wandervogel-Liederbücher, herausgegeben von Hans Breuer (Leipzig 4. Auflage 1911).

»Mehr noch als die greulichen, obendrein falsch auf Klampfen begleiteten Volkslieder erschreckte mich der Anblick. [...] Keine Not, vielmehr eine mir unverständliche Absicht veranlaßte ihren Aufzug.« (S. 22).

119. Das zahme Wildschwein »Butz« vor dem Gasthaus »Zum Prinzen Ernst« in Ernsttal bei Amorbach, um 1910. Die »imposante Bache«, ein »Liebling der Touristen«, war von der Familie des Gasthaus-Pächters Hemberger aufgezogen worden. »Geradezu sprichwörtliche Bekanntheit erlangte die Butz in den umliegenden Dörfern durch die Redensart, der Fürstliche Braumeister von Ernsttal gehe jeden Sonntag ›mit Frau und Sau‹ spazieren.« (Friedrich Oswald).

»[...] verbürgt [...] ist ein Ereignis aus Ernsttal, dem Leiningenschen Besitz. Dort erschien eine Respektsperson, die Gattin des Eisenbahnpräsidenten Stapf, in knallrotem Sommerkleid. Die gezähmte Wildsau von Ernsttal vergaß ihre Zahmheit, nahm die laut schreiende Dame auf den Rücken und raste davon. Hätte ich ein Leitbild, so wäre es jenes Tier.« (S. 23).

120. »Gerichtsstühle« in der Nähe des Forsthauses »Hainhaus« bei Vielbrunn (heute Stadtteil von Michelstadt), »die mir als Kind einen großen Eindruck machten« (Theodor W. Adorno: Brief an seine Mutter. Amorbach, 24. September 1950).

»[...] Hainhaus mit den steinernen Sitzen der Feme« (S. 23).

121. Wildschweinfütterung im Odenwald, um 1910.

»Ich meinte, noch vor wenigen Jahren, die Wildschweine, viele Hunderte, würden um ihrer selbst willen gefüttert. So hatte ich in der Kindheit unter den Anständen, die man mir in den Amorbacher Wäldern zeigte, eine Einrichtung mir vorgestellt, die dem Wild zugute kommen sollte, das da, wenn es gar zu heftig gejagt wurde oder fror, über die Leitern hinaufklettere, Schutz und Zuflucht finde. Das wäre doch Anstand gewesen, der dem Wild gegenüber. Wie ich lernen mußte, [dienen] [...] jene luftigen Baumhütten Jägern [...], die auf dem Anstand lauern, um das Wild zu schießen [...].« (S. 23 f.).

122. Die Kinder der Hoteliersfamilie Spoerer: »Willy« (1912-1990), »Karlchen« und »Emichen« mit ihrer Erzieherin Berta, 1918.

Den Spoerer-Kindern imponierte »Teddie« vor allem, wenn er »freiweg, ohne Noten« auf dem Flügel ihrer Mutter »herumsauste« (Karl Spoerer im Gespräch mit dem Autor). Auch Adornos sechs Jahre älterem Cousin Franz blieb der virtuose Pianist in besonderer Erinnerung: »Wenn er mit 14 Jahren Variationen über ein Volkslied am Klavier improvisierte, konnten Ideenreichtum und Intensität hinreißend erscheinen.«

123. Theodor Wiesengrund–Adorno, 1924.

Von der Landschaft seiner Kindheit träumte Adorno noch im kalifornischen Exil: »Wir gingen, Agathe, meine Mutter und ich, auf einem Höhenweg von rötlicher Sandsteinfarbe, wie sie mir von Amorbach vertraut ist. Aber wir befanden uns an der Westküste Amerikas. Links in der Tiefe lag der Stille Ozean [...].« (Traumprotokoll. Los Angeles, 22. Mai 1942 [GS 20/2, S. 572]).

Nach der Rückkehr aus der Emigration zog es ihn immer wieder nach Amorbach, dem »einzige[n] Stückchen Heimat, das mir blieb« (Brief an die Mutter, 24. September 1950), zuletzt im Frühsommer 1968.

124. Adorno um 1968, im Hintergrund sein Verleger Siegfried Unseld.

Die Prosaskizze »Amorbach« bezeichnete Adorno in einem Brief an Elisabeth Lenk als »sehr gewagt«, weil sie »scheinbar so wenig wagt, so nah am Idyllischen ist«. Als er sie 1967 in das Taschenbuch »Ohne Leitbild. Parva Aesthetica« (edition suhrkamp 201) aufnahm, von dem bis 1991 zehn Auflagen erschienen, tat die Kritik den biographischen und philosophischen Schlüsseltext als »feuilletonistische Plauderei« ab, hinter der man »kaum« den Autor erkenne.

Dank

Für ihre Unterstützung bei der Entstehung dieses Bilderlesebuchs, das zwischen Januar und April 2003 zusammengestellt wurde, danke ich sehr herzlich Ursula Abb, Rudolf Ballweg, Marita Bodensohn, Petra Breitkreuz (Stoltze-Museum der Frankfurter Sparkasse), Peter Cahn, Detlev Claussen, Gesine Dammel, Werner Deufel, Deutschherrenschule Frankfurt a. M., Hildegard Dörfel, Elke Dörr, Walter Eckstein jr., Ursula Emig-Völker, Holger Erker, Gabriele Ewenz, Thomas Feldmann, Heinrich Fischer, Regina Frey, Ludwig von Friedeburg, Christoph Gödde, Susanne Grimm (Archiv der Volkhardtschen Druckerei Amorbach), Jochen Hafner, Volker Harms-Ziegler (Institut für Stadtgeschichte Frankfurt a. M.), Hans Hoffmann, Karl Holzamer, Dita Igloffstein, Agathe Jaenicke, Rosl Judas, W.O. Keller (Stadtarchiv Miltenberg), Klaus Klöckner, Charly Knoll, Markus Kreis, Günter Kroll (Stadt- und Universitätsbibliothek Frankfurt a. M.), Guntram Kunz (Stadtarchiv Amorbach), Elfriede Kurz, Lissi Launhard, Friedrich Lerner, August Link (Café Schloßmühle Amorbach), Henri Lonitz, Wolfgang Meister (Fürstlich Leiningensches Archiv Amorbach), Monika Möller, Marianne Müller, Rolf Müller, Stefan Müller-Doohm, Peter Mütz, Herbert Natale (Domarchiv Frankfurt a. M.), Hilde Neugebauer, Beate Niesner, Heike Ochs, Ulrich Oevermann, Meinhard Prill, Dorothea Razumovsky, Konrad Reinfelder, Elisabeth Reinhuber, Franziska Reinhuber, Sieglinde Reutlinger, Friedrich-Karl Runde, Walter Scheffer, Udo Schmidt-Steingraeber, Kurt Schneider, Wolfgang Schopf, Wolfram Schütte, Michael Schwarz, Achim Siebert, Karl und Lisa Spoerer, Ulrich Spoerer, Stadtarchiv Michelstadt, Luitgard Stang, Ilse Stark, Horst Stemmler, Bernd Stiegler, Annemarie Trabold, Werner Trost, Bernhard Villinger, Margot Weyrauch, Hartmut Wolf, Isabel Zollna und vor allem meiner Frau Ilona Pabst.

Zu danken habe ich ferner dem Theodor W. Adorno Archiv (Frankfurt a.M.) für die freundliche Genehmigung zum Abdruck des »Amorbach«-Texts wie für die bereitwillig erteilte Erlaubnis, aus bislang unveröffentlichten Adorno-Briefen zitieren zu dürfen, und Thomas Steinfeld für die Möglichkeit, erste Ergebnisse meiner Recherchen in der »Süddeutschen Zeitung« zu publizieren.

Reinhard Pabst

Literaturverzeichnis

1. Zitierte Werke von Theodor W. Adorno
- Adorno, Theodor W.: Gesammelte Schriften. Hrsg. von Rolf Tiedemann. 20 Bände. Frankfurt a. M. 1970-1986 [im Text abgekürzt als GS mit Angabe des jeweiligen Bandes]
- Adorno, Theodor W.: Nachgelassene Schriften. Hrsg. vom Theodor W. Adorno Archiv [im Text abgekürzt als NaS mit Angabe der Abteilung und des jeweiligen Bandes]. Frankfurt a. M. 1993ff.
Abteilung I: Fragment gebliebene Schriften
Abteilung IV: Vorlesungen

2. Theodor W. Adorno: Briefe, Notizen, Kompositionen (Auswahl)
- Adorno, Theodor W./Krenek, Ernst: Briefwechsel. Hrsg. von Wolfgang Rogge. Frankfurt a. M. 1974
- Adorno, Theodor W./Benjamin, Walter: Briefwechsel 1928-1940. Hrsg. von Henri Lonitz. Frankfurt a. M. 1994
- Adorno, Theodor W./Berg, Alban: Briefwechsel 1925-1935. Hrsg. von Henri Lonitz. Frankfurt a. M. 1997
- Adorno, Theodor W./Lenk, Elisabeth: Briefwechsel 1962-1969. Hrsg. von Elisabeth Lenk. München 2001
- Adorno, Theodor W./Mann, Thomas: Briefwechsel 1943-1955. Hrsg. von Christoph Gödde und Thomas Sprecher. Frankfurt a. M. 2002
- Adorno, Theodor W.: Briefe an die Eltern 1939-1951. Im Auftrag des Theodor W. Adorno Archivs hrsg. von Christoph Gödde und Henri Lonitz. Frankfurt a. M. 2003
- Adorno, Theodor W.: Graeculus (I). Musikalische Notizen. In: Frankfurter Adorno Blätter VII. Im Auftrag des Theodor W. Adorno Archivs hrsg. von Rolf Tiedemann. München 2001, S. 9-36
- Adorno, Theodor W.: Der Schatz des Indianer-Joe. Singspiel nach Mark Twain. Hrsg. und mit einem Nachwort versehen von Rolf Tiedemann. Frankfurt a. M. 1979

- Adorno, Theodor W.: Klavierstücke. Hrsg. von Maria Luisa Lopez-Vito. Nachwort von Rolf Tiedemann. München 2001

3. Über Theodor W. Adorno (Auswahl)
- Bernard, Andreas/Raulff, Ulrich (Hrsg.): Theodor W. Adorno – ›Minima Moralia‹ neu gelesen. Frankfurt a. M. 2003
- Brunkhorst, Hauke: Theodor W. Adorno. Dialektik der Moderne. München 1990
- Claussen, Detlev: Theodor W. Adorno. Ein letztes Genie. Frankfurt a. M. 2003
- Frankfurter Adorno Blätter I-VIII. Hrsg. vom Theodor W. Adorno Archiv. München 1992-2003
- Früchtl, Josef/Calloni, Maria (Hrsg.): Geist gegen den Zeitgeist. Erinnern an Adorno. Frankfurt a. M. 1991
- Haselberg, Peter von: Wiesengrund-Adorno. In: Theodor W. Adorno (Sonderband aus der Reihe »Text + Kritik«). München 1983 (2., erweiterte Auflage), S. 7-21
- Jäger, Lorenz: Adorno. Eine politische Biographie. München 2003
- Jay, Martin: Dialektische Phantasie. Die Geschichte der Frankfurter Schule und des Instituts für Sozialforschung. Frankfurt a. M. 1981
- Kluge, Alexander/Koch, Gertrud: Die Funktion des Zerrwinkels in zertrümmernder Absicht. Ein Gespräch. In: Rainer Erd u. a. (Hrsg.): Kritische Theorie und Kultur. Frankfurt a. M. 1989, S. 106-124
- Knapp, Gerhard P.: Theodor W. Adorno (Köpfe des XX. Jahrhunderts Bd. 93). Berlin 1980
- Metzger, Heinz-Klaus/Riehn, Rainer (Hrsg.): Theodor W. Adorno. Der Komponist (Musik-Konzepte Bd. 63/64). München 1989
- Müller-Doohm, Stefan: Adorno. Eine Biographie. Frankfurt a. M. 2003
- Pabst, Reinhard: Dem Vogel, der da sang. Wenn der Vater nicht störte, ließ hier die Erfahrung von Glück sich machen – Eine Spu-

rensuche in Theodor W. Adornos Amorbach. In: Süddeutsche Zeitung Nr. 247, 25. Oktober 2002, S. 16

- Pabst, Reinhard: Ach, wie reizend! Theodor W. Adorno in unbekannten Porträts. In: Süddeutsche Zeitung Nr. 3, 4./5./6. Januar 2003, S. 14

- Razumovsky, Andreas: Schöne Aussicht. Theodor W. Adorno zum 65. Geburtstag. In: Frankfurter Allgemeine Zeitung, 11. September 1968

- Scheible, Hartmut: Theodor W. Adorno mit Selbstzeugnissen und Bilddokumenten. Reinbek b. Hamburg 1989

- Schütte, Wolfram (Hrsg.): Adorno und Frankfurt. Frankfurt a. M. 2003

- Schweppenhäuser, Gerhard: Theodor W. Adorno zur Einführung. Hamburg 2000 (2., verb. Auflage)

- Steinert, Heinz: Adorno in Wien. Über die (Un-)Möglichkeit von Kunst, Kultur und Befreiung. Frankfurt a. M. 1993

- Theodor W. Adorno Archiv (Hrsg.): Adorno. Eine Bildmonographie. Frankfurt a. M. 2003

- Wiggershaus, Rolf: Die Frankfurter Schule. Geschichte – Theoretische Entwicklung – Politische Bedeutung. München 1988

- Wiggershaus, Rolf: Theodor W. Adorno. München 1998 (2., überarbeitete und um ein Nachwort erweiterte Auflage)

- Wilcock, Evelyn: Adorno's Uncle: Dr Bernard Wingfield and the English Exile of Theodor W. Adorno 1934-8. In: German Life and Letters. New Series Vol. XLIX No. 3, July 1996, S. 324-338

4. Sonstiges

- Apel, Friedmar: Deutscher Geist und deutsche Landschaft. Eine Topographie. München 1998

- Backhaus, Fritz: »Hab'n Sie nicht den kleinen Cohn geseh'n?«. Ein Schlager der Jahrhundertwende. In: Helmut Gold/Georg Heuberger (Hrsg.): Abgestempelt. Judenfeindliche Postkarten. Heidelberg 1999, S. 235-240

- Binding, Rudolf G.: Erlebtes Leben. Frankfurt a. M. 1927

- Bloch, Ernst: Sachsens Anrede an den Flieder. In: ders.: Literarische Aufsätze (Gesamtausgabe Bd. 9). Frankfurt a. M. 1977, S. 216-219

- Brod, Max: Die Philosophie der schönen Stellen. In: ders.: Stefan Rott oder Das Jahr der Entscheidung. Roman. Berlin, Wien, Leipzig 1931, S. 87-111

- Calvelli-Adorno, Franz: Im »Museum« – damals und heute. Erinnerungen eines alten Frankfurter Konzertbesuchers. In: Das »Museum«. Einhundertfünfzig Jahre Frankfurter Konzertleben 1808-1958. Im Auftrage der Frankfurter Museumsgesellschaft hrsg. von Hildegard Weber. Frankfurt a. M. 1958, S. 86-96

- Chronik der Frankfurter Seilerfamilie Reutlinger. Im Auftrag von Wilhelm Reutlinger anhand des Familienarchivs Reutlinger-Simrock hrsg. von Sabine Hock. Waldkirch 1989 (darin S. 97-108: Wilhelm Reutlinger, Erinnerungen an meine Jugendzeit)

- Epple, Angelika: Henriette Fürth und die Frauenbewegung im deutschen Kaiserreich. Eine Sozialbiographie. Pfaffenweiler 1996

- Erinnerungen an das Schopenhauerhaus Schöne Aussicht Nr. 16 in Frankfurt am Main. Von Lucia Franz-Schneider niedergeschrieben im Jahre 1911. Mit einem Nachwort von Fried Lübbecke. Frankfurt a. M. 1959

- Harsch, Herta E.: Freuds Identifizierung mit Männern, die zwei Mütter hatten: Ödipus, Leonardo da Vinci, Michelangelo und Moses. In: Psyche. Zeitschrift für Psychoanalyse und ihre Anwendungen. XLVIII. Jg., Heft 2, Februar 1994, S. 124-153

- Kaschnitz, Marie Luise: Tagebücher aus den Jahren 1936-1966. Hrsg. von Christian Büttrich, Marianne Büttrich und Iris Schnebel-Kaschnitz. Mit einem Nachwort von Arnold Stadler. Bd. I. Frankfurt a. M. und Leipzig 2000

- Klarmann, Norbert G.: Unternehmerische Gestaltungsmöglichkeiten des Privatbankiers im 19. Jahrhundert – dargestellt am Beispiel des Hauses von Erlanger & Söhne. In: Hanns Hubert Hofmann (Hrsg.): Bankherren und Bankiers. Limburg/Lahn 1978, S. 27-43

- Kleinschmidt, Albert: Wandertage im Odenwalde. Ein Gedenkbuch für Freunde des Gebirges. Gießen 1900

- Krebs, Richard: Amorbach im Odenwald. Ein Heimatbuch. Amorbach 1923

- Kurz, Elfriede: Amorbach in alten Ansichten. Zaltbommel ²1997

- Lerner-Stoltze, Lydia: Adolf Stoltze. Ein Dichterleben für Frankfurt. Bearbeitet und ergänzt durch Luise Bodensohn. Hrsg. von der Vereinigung der Freunde und Förderer des Stoltze-Museums e.V. Frankfurt am Main. Frankfurt a.M. 1983

- Löwenthal, Leo/Kracauer, Siegfried: In steter Freundschaft. Briefwechsel 1921-1966. Hrsg. von Peter-Erwin Jansen und Christian Schmidt. Springe 2003

- Lorentzen, Theodor: Der Odenwald in Wort und Bild. Stuttgart ²1905

- Mack, Dietrich: Der Bayreuther Inszenierungsstil. München 1976

- Mader, Felix/Karlinger, Hans (Bearb.): Die Kunstdenkmäler von Unterfranken & Aschaffenburg. Heft XVIII: Bezirksamt Miltenberg. München 1917

- Mann, Thomas: Tagebücher 1944-1.4.1946. Hrsg. von Inge Jens. Frankfurt a.M. 1986

- Mehden, Heilwig von der: »Ich hab' mich ergeben ...«. Wie Großpapa erzogen wurde. Freiburg i.Br. 1980

- Michel, Karl Markus: Die Mulde. Etüde mit Zitaten. In: Zeugnisse. Theodor W. Adorno zum sechzigsten Geburtstag. Im Auftrag des Instituts für Sozialforschung hrsg. von Max Horkheimer. Frankfurt a.M. 1963, S. 183-212

- Morgenstern, Soma: Alban Berg und seine Idole. Erinnerungen und Briefe. Hrsg. und mit einem Nachwort von Ingolf Schulte. Lüneburg 1995

- Müller, Paul: Eine Kindheit und Jugend im alten Frankfurt. Frankfurt a.M. 1984

- Der Odenwald. Praktischer Reiseführer (Griebens Reiseführer Bd. 163). Berlin 1923 (5. Aufl.)
- Pfeiffer-Belli, Erich: Junge Jahre im alten Frankfurt und eines langen Lebens Reise. Wiesbaden und München 1986
- Proust, Marcel: Combray. Aus dem Französischen übersetzt von Eva Rechel-Mertens, revidiert von Luzius Keller. Frankfurt a. M. und Leipzig 2002
- Proust, Marcel: Tage der Freuden. Mit einem Vorwort von Anatole France. Aus dem Französischen übertragen von Ernst Weiß. Berlin o. J. [1926]
- Reinemann, John Otto: Fortgerissen ... Mein Leben diesseits und jenseits des Ozeans. Erinnerungen und Gedanken. Frankfurt a. M. 1981
- Rosenthal, Harold (Hrsg.): The Mapleson memoirs. The career of an operatic impresario 1858-1888. London/New York 1966
- Scherpner, Christoph: Von Bürgern für Bürger – 125 Jahre Zoologischer Garten Frankfurt am Main. Frankfurt a. M. 1983
- Spier, Selmar: Vor 1914. Erinnerungen an Frankfurt geschrieben in Israel. Frankfurt a. M. 1961
- Stadt Amorbach (Hrsg.): Amorbach. 125 Jahre Fremdenverkehr in Wort und Bild. Amorbach o. J. [1982]
- Stoltze, Friedrich: Die schönsten Dichtungen in Frankfurter Mundart. Mit Zeichnungen von Cefischer. Frankfurt o. J. [Exemplar in Adornos Nachlaßbibliothek]
- Thode, Henry: Max Georg Rossmann. In: Zeitschrift für Bildende Kunst. Neue Folge XXXI/55. Jg., Heft 3/4, Dezember/Januar 1919/20, S. 49-56
- Vierengel, Rudolf: Der Main wo er am schönsten ist. Ein Führer durch Städte, Dörfer, Burgen. Miltenberg/Main 1952
- Volk, Georg (Hrsg.): Der Odenwald und seine Nachbargebiete. Eine Landes- und Volkskunde. Stuttgart 1900
- Wanderungen um Miltenberg – Amorbach – Kleinheubach. O.O. 1949

- Windhaus, Georg: Führer durch den Odenwald und die Bergstraße. Im Auftrag des Odenwaldklubs hrsg. von Eduard Anthes. Darmstadt 1911 (11. verb. Aufl.)
- Woerl, Leo (Hrsg.): Führer durch die Bergstraße von Darmstadt bis Heidelberg, das Neckartal von Heidelberg bis Heilbronn und den Odenwald. Leipzig 1911 (6. Aufl.)
- Zickel, Reinhold: Vorwort/Nachwort. In: Tom Sawyer, der Schatzgräber. Aus »Die Abenteuer des Tom Sawyer« von Mark Twain (Volk und Wissen Sammelbücherei. Gruppe I: Dichtung und Wahrheit, Serie H: Aus guten Büchern, Bd. 15). Berlin und Leipzig 1947, S. 3-5/S. 31

5. Nachlässe Theodor W. Adornos und seiner Verwandten
Theodor W. Adornos Nachlaß verwahrt das 1985 gegründete Theodor W. Adorno Archiv in Frankfurt a. M. (E-Mail-Adresse: info@adorno-archiv.de). Die Nachlässe Louis und Franz Calvelli-Adornos befinden sich in Privatbesitz.

Bildnachweis

Agathe Jaenicke: 65; Beate Niesner: 165; Dita Igloffstein: 117; Edith Hilpert: 194; Elfriede Kurz: 170, 173, 177, 184; Elisabeth Reinhuber: 29, 31, 33, 35, 37, 38, 39, 41, 43, 47, 49 unten, 61, 119, 123, 135, 153; Franziska Reinhuber: 162; Fürstlich Leiningensches Archiv (Amorbach): 4, 157, 193, 209; Gerhard Ziemer/Hans Wolf: Wandervogel-Bildatlas. Bad Godesberg 1963: 207; Heinrich Fischer: 111; Hilde Neugebauer: 146, 161; Holger Erker: 127; Karl Hobi: Hermann Grab. Leben und Werk. Freiburg (Schweiz) 1969: 198; Klaus Klöckner: 105; Lissi Launhard: 115; Margot Weyrauch: 107; Marita Bodensohn: 120; Nachlaß Peter Zollna: 215; Regina Frey: 195; Rudolf Ballweg: 205; Stadtarchiv Amorbach: 174/75, 183, 206; Stadtarchiv Michelstadt: 210; Stadt- und Universitätsbibliothek Frankfurt a.M.: 25, 27, 57, 75, 91, 145, 163, 213; Suhrkamp Verlag Frankfurt a.M.: 188; Ulrich Spoerer: 8, 13, 103, 139, 140, 142/43, 149, 150, 151, 181, 201, 202, 203, 212; Ursula Abb: 178; Verlag Hermann Emig (Amorbach): 147; Walter Räder/Heimatkundlicher Stammtisch Großheubach: 180; Werner Deufel: 137. Alle anderen Abbildungen stammen aus dem Archiv des Herausgebers (Reinhard Pabst, Quellenweg 22, D-65520 Bad Camberg).

Nützliche Adressen*

Informationszentrum
Bayerischer Odenwald
Schloßplatz 1
D-63916 Amorbach
Tel.: 0 93 73/20 05 74
Fax: 0 93 73/20 05 85
E-Mail: amorbach@tourismus-odenwald.de
Internet: www.bayerischer-odenwald.de

Hotel Post
heute: EMICH'S Hotel
Schmiedsgasse 2
D-63916 Amorbach
Tel.: 0 93 73/205 80 28
Fax: 0 93 73/205 80 29
E-Mail: info@emichs.com
Internet: www.emichs.com

Fürstlich Leiningensche Verwaltung [für Auskünfte zur Abtei-
kirche und zum Bibliothekssaal im Konventbau]
Marktplatz 12
D-63916 Amorbach
Tel.: 0 93 73/9715-0
Fax: 0 93 73/9715-5
E-Mail: kultur@fuerst-leiningen.de
Internet: www.fuerst-leiningen.de

ehem. Gasthof Brauerei Burkarth
Am Marktplatz 4
D-63916 Amorbach

Café Schloßmühle
[schräg gegenüber von Max Rossmanns früherem Atelier]
Familie Künzig & Henn
Schloßplatz 4
D-69316 Amorbach
Tel.: 0 93 73/1254

Weitere Informationen:
www.amorbach.de
www.meine-news.de
www.grossheubach.de
www.kirchzell.de
www.kleinheubach.de
www.michelstadt.de
www.mudau.de
www.schneeberg-odenwald.de
www. stadt-miltenberg.de
www.weilbach.de

*Stand: September 2020

Zu dieser Ausgabe

insel taschenbuch 2923: Theodor W. Adornos »Amorbach« folgt den Gesammelten Schriften. Band 10.1: Kulturkritik und Gesellschaft I. Prismen. Ohne Leitbild. Herausgegeben von Rolf Tiedemann unter Mitwirkung von Gretel Adorno, Susan Buck-Morss und Klaus Schultz. © Suhrkamp Verlag Frankfurt am Main 1977.

Insel Verlag Anton Kippenberg GmbH & Co. KG
Torstraße 44, 10119 Berlin
info@insel-verlag.de
www.insel-verlag.de